ゴロ寝つまぷる

早見ポスター

まぐし (P.42)

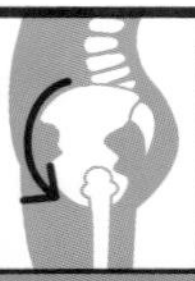

骨盤前傾さん

肉をつまんで
る揺らす

15秒

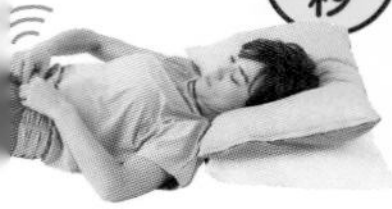

に滑らせ
き上げる

15秒

に行う

脚を伸ばして
する

30秒

ぐし (P.48)

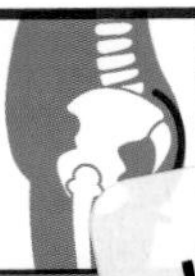

骨盤後傾さん

を縦につまんで
揺らす

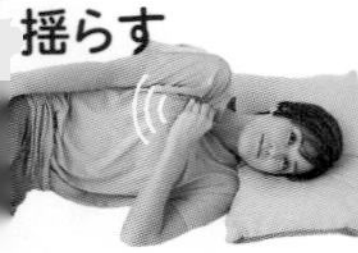

まま
伸ばす

1、2を
セットで

15秒

する
行う

15秒

BASIC MENU
わき腹ゴロぷる (P.40)

1　15秒

わき腹をつまんで
ぷるぷる揺らす

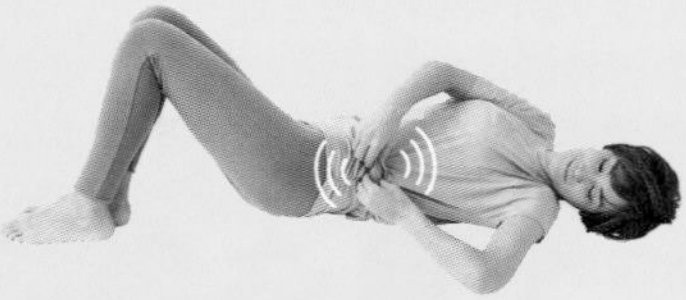

2　15秒

ひざを倒しながら
手を上に滑らせる

3

を体の右側へ倒す

4　30秒

左腕を伸ばしてキープする

※反対側も同様に行う

前ももほぐし(P.46)

1 前ももをつまんで
ぷるぷる揺らす

15秒

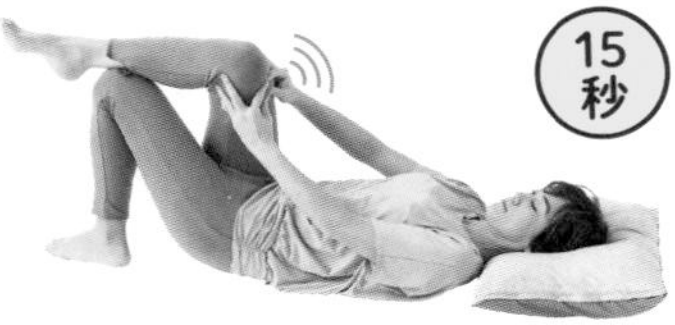

2 足首を持ち
前ももを伸ばす

15秒

※反対側も同様に行う

へそ&腰ほぐし(P.44)

1 へそまわりの肉をつまみ
左右交互に上下させる

15秒

2 両手でひざを抱え
胸に引き寄せる

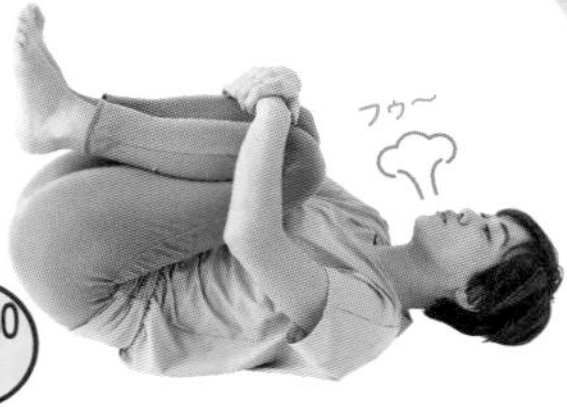

15~30秒

下腹

1 下腹の
ぷるぷ

2 手を上
肉を引

※反対側も同様

3 両手両
キー

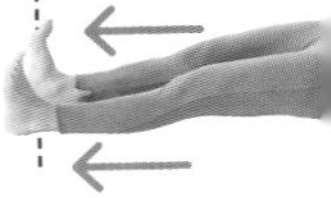

裏ももほぐし(P.52)

1 裏ももの肉をつまんで
ぷるぷる揺らす

15秒

2 ひざを伸ばして
脚を上げキープする

※反対側も同様に行う

15秒

みぞおちほぐし(P.50)

1 みぞおちの肉をつまんで
ぷるぷる揺らす

30秒

2 両手両脚を伸ばして
キープする

30秒

胸

1 胸の肉
ぷるぷ

2 つまん
右腕を

3 左手
胸を

※反対側も同様

寝る前2分

ゴロ寝つまぷるで勝手やせ!

40代からの
動ける体チャンネル

みっこ

やせている人はみ〜んな いい寝返りを打っている

こんにちは。心と体のコンディショニングトレーナー、みっこです。
40代以上の方に向けて「がんばらないダイエット」を提唱していますが
その究極ともいえるメソッドができあがりました!

ズバリ「寝ている間に勝手にやせる」です!

「寝ているだけでやせるなら苦労はないわ」
「毎晩寝ているけど、やせませんよ」
そんなお声が聞こえてきそうです。

それは「やせ寝の準備」をしていないから。

みっこです!
ゴロゴロ
寝っ転がったまま
失礼しま〜す

寝ている間にやせるカギは「いい寝返り」です。

体が硬くなっている40代以上は寝る前にも準備が必要。
準備ストレッチをしてから眠りにつけば、
いい寝返りができて体のゆがみや滞りがスッキリ、
翌朝ペタ腹になっているんです。

やせ寝準備のストレッチは、とても気持ちよくて
ストンと眠りにつけるのもうれしい点。
YouTubeで紹介したところ
「2カ月で5kgやせました」「下腹がペッコリです」
「不眠で困っていたのに、ストレッチしていると眠くて最後までできません」
「熟睡できて翌朝気持ちよく目覚めました」というコメントを続々といただいています。

寝る前にベッドでゴロゴロしながら
お肉をぷるぷる揺らすだけ。

「ゴロ寝つまぷる」であなたも翌朝ペタ腹、かなえていきましょう!

寝ている間にやせるための“準備ほぐし”

ゴロ寝つまぷる

やせる体をつくる「いい寝返り」と、太る「悪い寝返り」の違いは、わき腹をひねることができるかできないか。わき腹をひねる寝返りなら、体のゆがみが正される整体効果が抜群。翌朝はいい姿勢がとりやすくなります。寝返りで腹筋群も刺激でき、寝ている間にみるみるおなかがペタンコに！　やせる寝返りを打てるようになるには、わき腹をほぐして、おなかをひねりやすくしてから寝るのがポイント。寝る前のほんのひと手間で、睡眠中のやせ力が大きく変わります。ゴロ寝つまぷる略して“ゴロぷる”で、「翌朝勝手にペタ腹」を体感してください！

ベッドでゴロゴロ寝ながら
お肉をつまんでぷるぷる揺らすだけで
寝ている間にやせられる

ゴロ寝つまぷるで起きる

体の変化

わき腹の肉をぷるぷる揺らすと
翌朝ペタ腹になるのは
なぜなのか。
メカニズムを紹介します

START

わき腹が柔らかくなり骨盤のゆがみが取れる

ゴロ寝つまぷるではわき腹の硬さをほぐし、骨盤の前傾、後傾グセを直すストレッチを行います。

NIGHT TIME...

Phase2

体がほぐれてスッと寝つける&熟睡できる

筋肉の緊張が取れて寝つきがよくなります。やっている途中で寝てしまう人も続出。翌朝までぐっすり！

Phase3

寝ている間に体をひねる「いい寝返り」を打つ

わき腹をほぐしておけば、おなかをひねる寝返りをひと晩に約20回打つことに。腹筋が刺激され、猫背や反り腰など姿勢の悪癖が矯正されていきます。

GOAL!

MORNING

翌朝、寝返り効果で おなかペタンコ、むくみスッキリ！

たまっていた老廃物が流されて、おなかも顔もスッキリ。続けるうちにしなやかくびれボディに。熟睡できて頭もさえざえ！

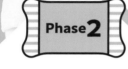

効果 01

ペタ腹になる

わき腹をひねる「いい寝返り」では腹筋群が刺激され締まってきます。老廃物が流れておなかのむくみが取れることで、翌朝にはスーッとペタ腹に。

効果 02

熟睡できる

筋肉の緊張がほぐれてリラックス。また、ゆがみが取れてベッドと背中の接地面積が広がることで、全身から力が抜けるためよく眠れます。

のすごい効果

美容や健康にうれしい変化がたくさん！

効果 05

姿勢がよくなる

寝返りは無意識のうちに行うセルフ整体。筋肉のこりやアンバランス、関節の詰まりが寝ている間に解消され、みるみる美姿勢に！

効果 06

むくみが解消

ずっと丸まって寝ているなど、寝姿勢が悪いと、関節にリンパ液がたまりがち。いい寝返りで詰まりが流れ、足先や顔のむくみが取れてきます。

効果03

やせホルモン
が分泌

しっかり深く眠ることで、ダイエットの味方である「成長ホルモン」や食欲抑制ホルモン「レプチン」の分泌量が増加。美肌にも好影響！

効果04

腰痛や肩こり
がラクになる

起床時の肩こり、腰痛は寝ている間に体が固まっている証拠。寝返りしやすい体になれば朝スッキリ、肩こり・腰痛も軽減していきます。

ゴロ寝つまぷる

寝る前のゴロ寝つまぷるで **やせ体質へGO！**

効果07

便秘改善

寝返りでおなかに力が入ることで、押し出す力がアップ！また、腸は眠っている間に働くので、よく眠れば翌朝排便しやすくなります。

効果08

自律神経
が整う

背骨のゆがみが整うことで、背骨に沿って走る自律神経も整いやすくなります。更年期の症状が軽減したという声もたくさん届いています。

ゴロぷるでやること

基本2分

BASIC MENU

基本のわき腹ゴロぷる

わき腹の肉を
ぷるぷる揺らして

＋

3分

骨盤前傾さんメニュー

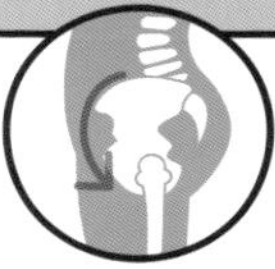

下腹ほぐし

下腹を刺激して、力が入る感覚を取り戻します。

P.42

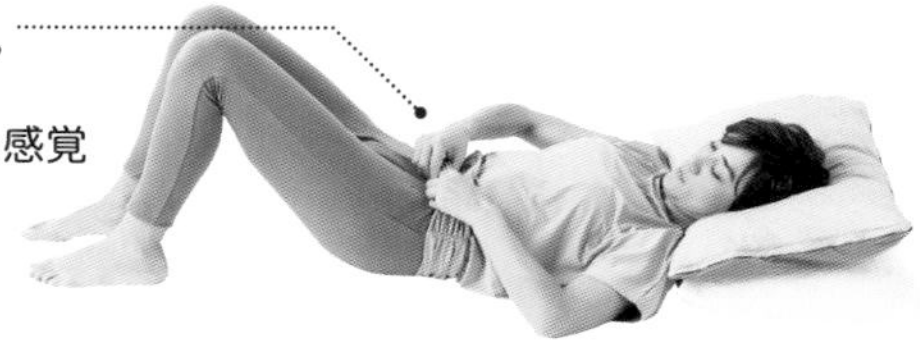

へそ&腰ほぐし

縮んでいる腰をゆるめます。へそをほぐすと腰にも余裕が。

P.44

前ももほぐし

骨盤を前に引っ張る硬くなった前ももをほぐします。

P.46

ゴロ寝つまぷるの基本は、2分の「わき腹ゴロぷる」。それに骨盤のゆがみに合わせた3つのストレッチをプラスすると、ダイエット＆美姿勢スピードが速まります。

わき腹ゴロぷる（P.40）

＋

タイプ別に

骨盤後傾さんメニュー

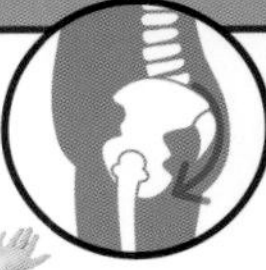

胸ほぐし

猫背で縮んでいる胸まわりをほぐして伸ばしやすくします。

P.48

みぞおちほぐし

縮んでいるみぞおちをほぐすと自然に背すじが伸びて美姿勢へ。

P.50

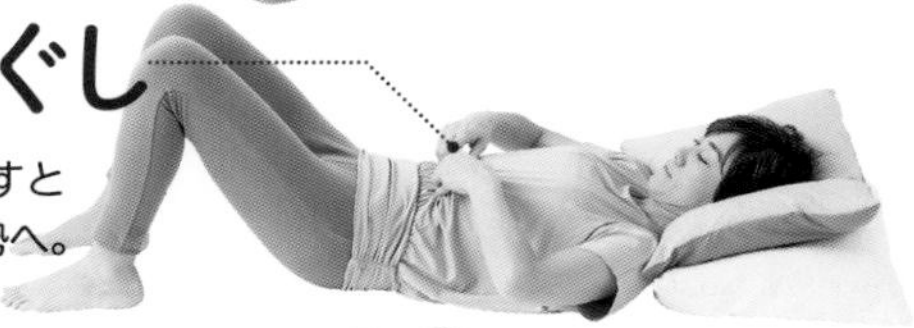

裏ももほぐし

骨盤を後ろへと引っ張っている裏ももの硬さを改善。

P.52

みっこ主催「40代からの動ける体学校」でつまぷるを実践！

健康的に引き締まったボディをご披露します！

※体験者の変化は、みっこによる直接指導と適度な運動、食事指導を組み合わせた結果です。

自分史上最高のダイエット！ 動きやすくなり、朝が楽しみになった

おおさん｜162㎝・50代

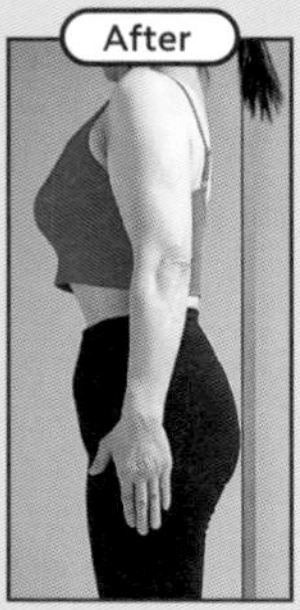
After

←

2カ月で

アンダーバスト -9㎝

ウエスト -14㎝

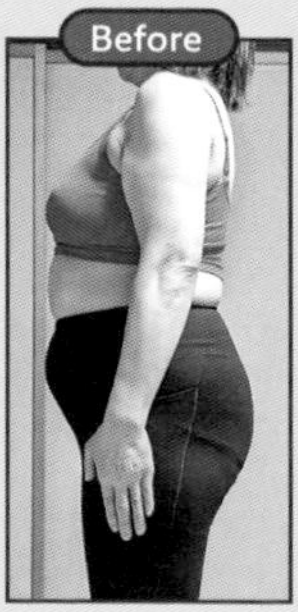
Before

76㎝	アンダーバスト	85㎝
69㎝	ウエスト	83㎝

寝落ちしながらのつまぷるで 人生初のおなかやせ！

Aちゃんさん｜163㎝・50代

After

←

2カ月で

体重 -2kg

ウエスト -10㎝

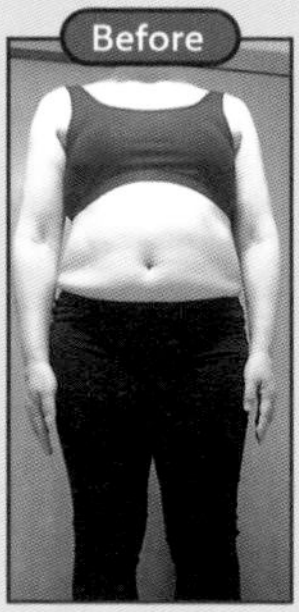
Before

67kg	体重	69kg
88㎝	ウエスト	98㎝

2カ月で下腹10㎝減！ むくみが消えて朝まで熟睡

SKさん｜164㎝・50代

After

←

2カ月で

ウエスト -6㎝

下腹 -10㎝

Before

72㎝	ウエスト	78㎝
80㎝	下腹	90㎝

整骨院通いがなくなり 目覚めもさわやか！

まささん｜156㎝・50代

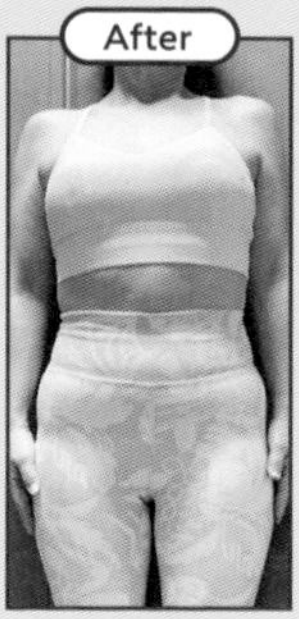
After

←

1年1カ月で

体重 -6kg

ウエスト -13㎝

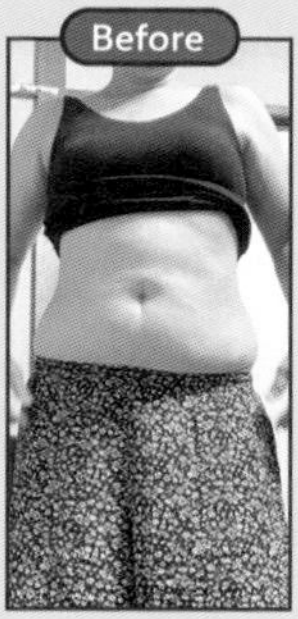
Before

55.4kg	体重	61.4kg
70㎝	ウエスト	83㎝

首痛、腰痛が1カ月で消え 週1回の鍼灸院通いが不要に

MMさん | 161㎝・50代

After

1年
1カ月で
体重
-9kg
ウエスト
-10㎝

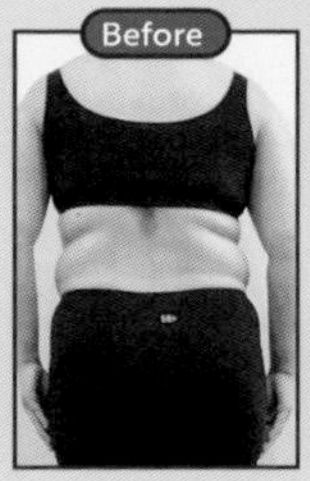
Before

67kg	体重	76kg
82㎝	ウエスト	92㎝

姿勢がよくなり、 更年期の落ち込みから気分上昇

Sさん | 165.5㎝・50代

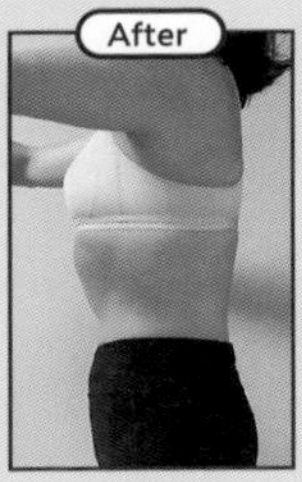
After

2カ月で
ウエスト
-7㎝
へそまわり
-5㎝

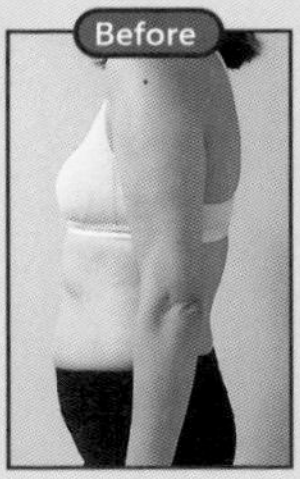
Before

68㎝	ウエスト	75㎝
83㎝	へそまわり	88㎝

寝つきがよくなり ひざの痛みも軽減!

K・Hさん | 153.7㎝・70代

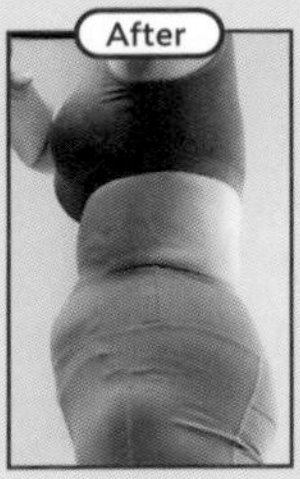
After

2カ月で
体重
-1.5kg
下腹
-2㎝

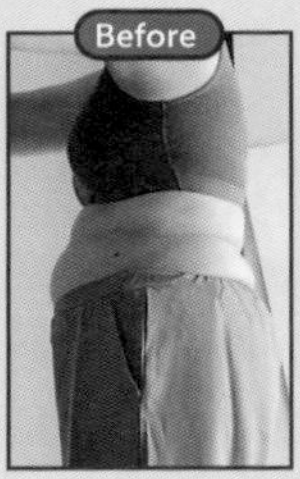
Before

55kg	体重	56.5kg
96㎝	下腹	98㎝

おなかの肉が取れ腰痛も解消! 一生動ける体になれた!!

M.Nさん | 151.3㎝・60代

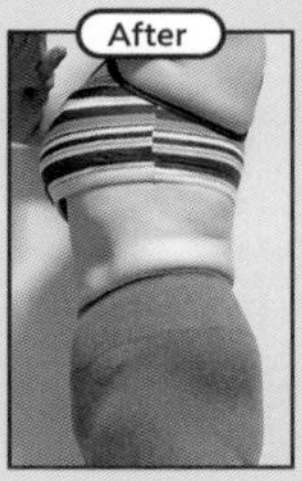
After

4カ月で
ウエスト
-7㎝
ヒップ
-6㎝

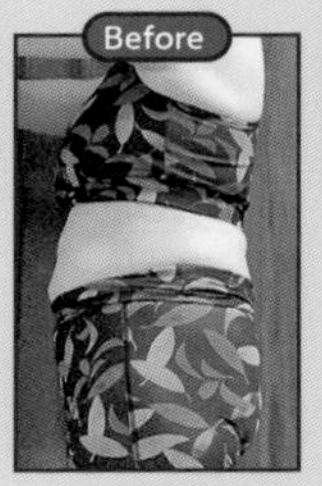
Before

79㎝	ウエスト	86㎝
87㎝	ヒップ	93㎝

1週間でおなかの肉が減り始め がんこな便秘も解消

なないろさん | 152㎝・50代

After

2カ月で
体重
-4kg
へそまわり
-7㎝

Before

60kg	体重	64kg
87㎝	へそまわり	94㎝

がんばらずに1日5〜15分 2カ月でおなかがへコんだ!

JKさん | 156㎝・50代

After

2カ月で
体重
-2kg
ウエスト
-5㎝

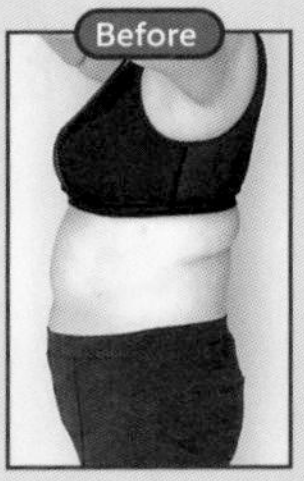
Before

51kg	体重	53kg
70㎝	ウエスト	75㎝

【本書の使い方】

まずは基本の
ゴロ寝つまぷる…

P.36

からのやり方を
ごらんください。

＋

ゴロ寝つまぷるで
やせられるメカニズムを
知って納得したい人は…

P.62

から
やせる理由を
解説しています。

＋

体が硬くて
動きたくないけど
早くやせたい人は…

P.80

からの
タオルリリース&
ストレッチを
お試しください。

＋

朝の体操で
一日中やせモードに
なりたい人は…

P.102

からの
おはようストレッチに
トライ!

＋

ゴロ寝つまぷるで
やせた人の体験談を
読んでモチベを上げたい人は…

P.118

からの
体験リポートを
ごらんください。

【ゴロ寝つまぷるページの見方】

刺激する場所&効果やねらいを確認

つまんだり伸ばしたりする場所が一目でわかります。どんなダイエット効果があるかも紹介!

動画もCHECK!

本書で紹介しているエクササイズを、みっこが実演。紙面と合わせてぜひチェックしてください。各ページに記載しているQRコードからサイトにアクセス!

つまんでいる部分が拡大写真で分かりやすい!

つまみ方や、肉を引き上げる方法などを拡大写真で紹介しています。

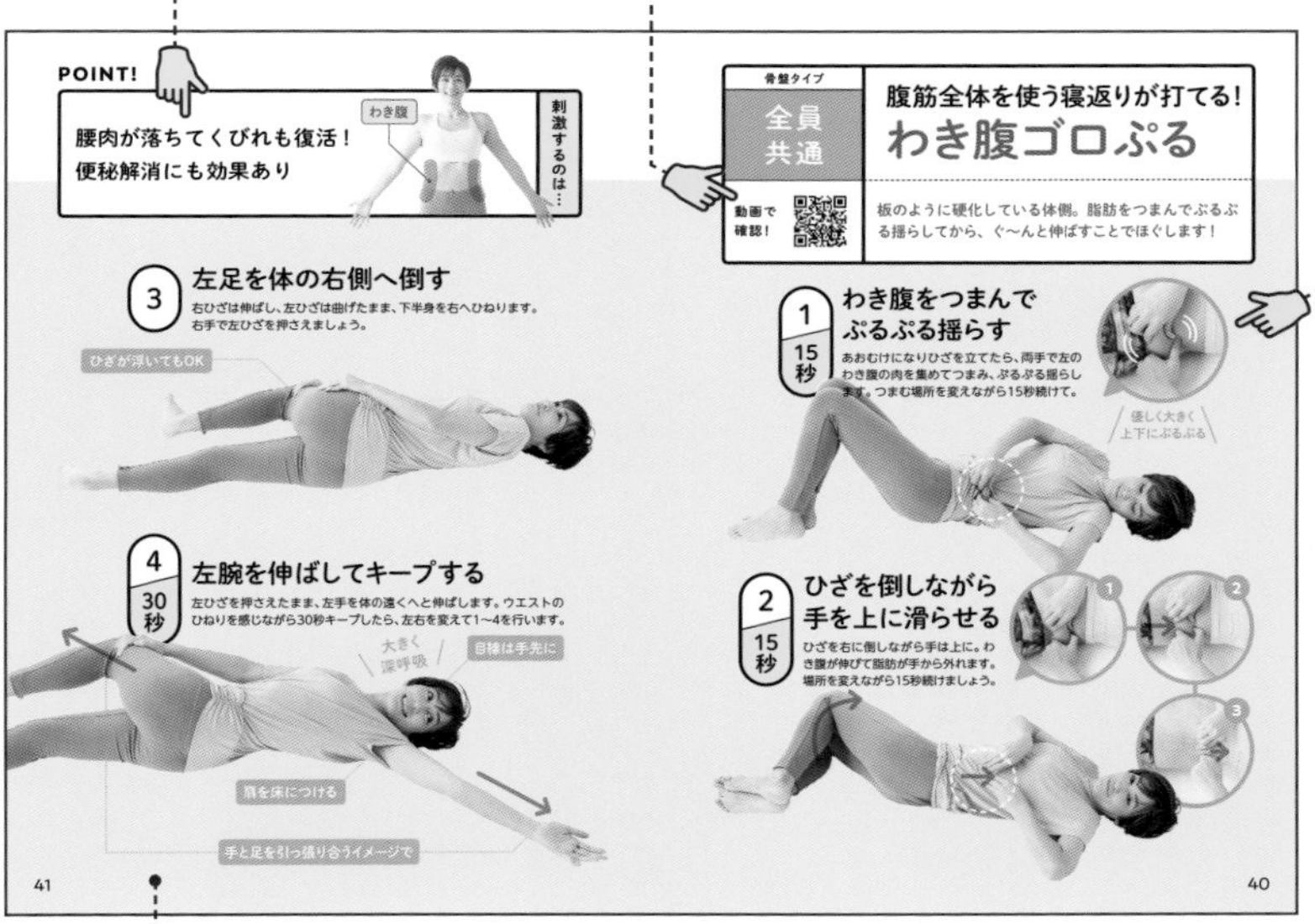

背景の色で自分がやるメニューが分かる

ゴロ寝つまぷるは、骨盤タイプ別に、異なるメニューを行います。全員やるものはピンク、骨盤前傾さんがやるものは緑、骨盤後傾さんがやるものは紫の背景になっています。※骨盤のタイプチェックはP.38に掲載しています。

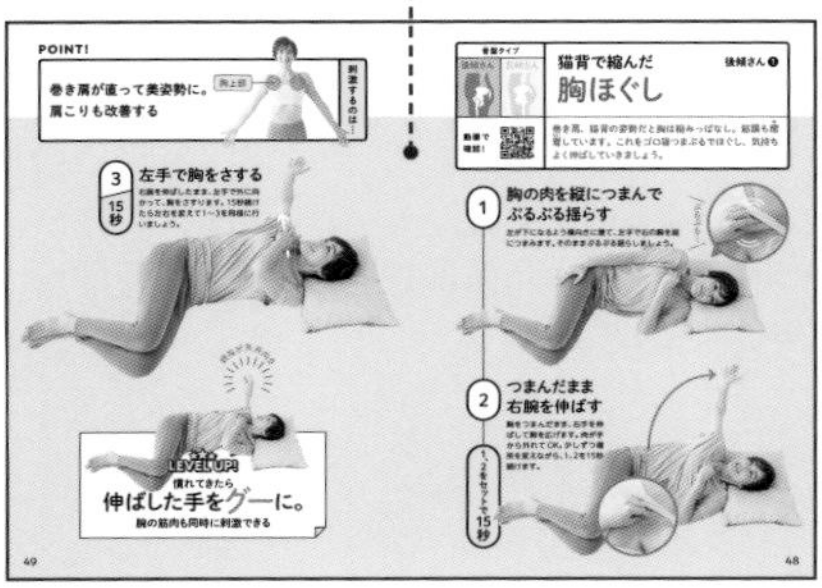

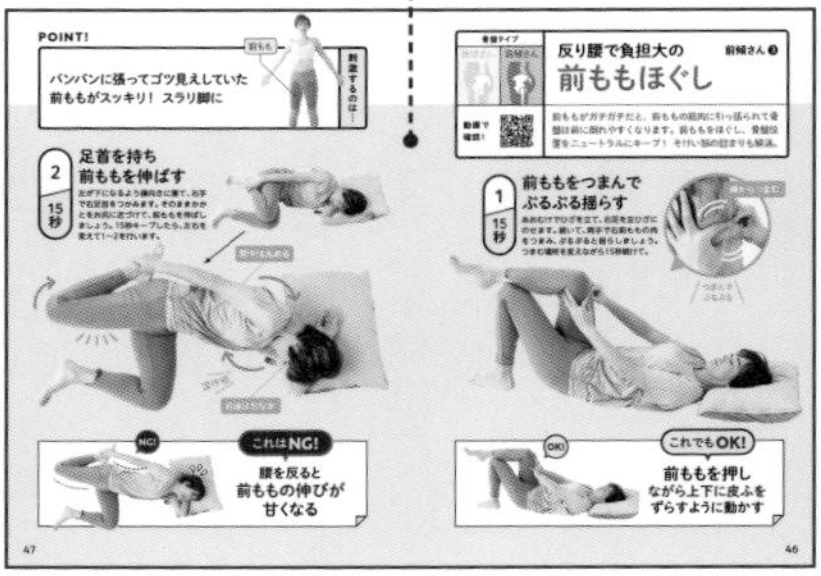

普段、みっこといっしょにYouTubeに登場しているゆなぞんです。みっこはスッキリボディのため、肉をつまむ様子が分かりにくい！ そこでおなかモデルとして本誌に登場しています。どうぞよろしく!

Contents

本書の注意事項

◎本書で紹介するメソッドは、病気や故障の治癒、治療のものではありません。また、効果には個人差があります。

◎体調がすぐれない時、体に痛みがある時、満腹時、血圧に異常がある時は行わないでください。また、途中で体に異常を感じた場合はただちに中止し、医師に相談してください。

◎次の方は必ず事前に医師に相談し、許可を得てから行ってください。

▼妊娠中の方 ▼持病がある方 ▼けがをしている方・体調がすぐれない方

▼体に痛みがある方・血圧の高い方・頸椎や腰椎に痛みのある方・喘息の方

本書と合わせて動画もチェック!

本書で紹介しているエクササイズを、みっこが動画でも実演。紙面と合わせてぜひチェックしてください。各ページに記載しているQRコードからサイトにアクセス!

第2章 実践！2分ゴロ寝つまぷる

第3章 ゴロ寝つまぷるのすごさを解説

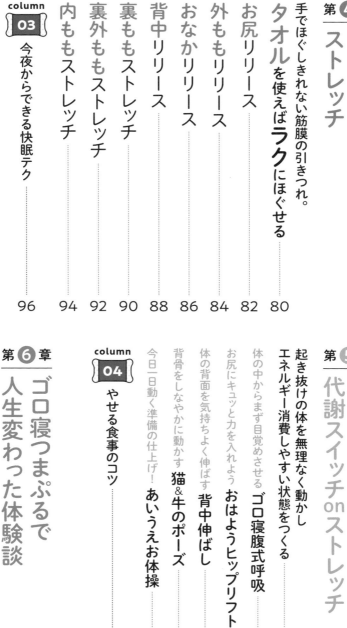

第1章

肉をぷるぷる揺らす
だけなのに……

ゴロ寝つまぷるで翌朝ペタ腹になれるわけ

まんが 寝返り上手はやせ上手!!

逆、逆！
むしろ寝返りを打つほうが疲れが取れるの！
寝返りは体のゆがみを本能で整えようとしている行為
昼間についたゆがみを整えるセルフ整体のような効果があるの！
へえ…
そんなにいいものだったとは
ほぉ…
ちなみにおなかもひねるからウエスト引き締め効果もあり
マジですか！
でもねー
理想の寝返りは赤ちゃんなの見て！
全身を柔らかくひねっているでしょ
たしかに、こんにゃくのようだけど…
それが何か？

こっちは
あなたの寝返り
ほら、
腰を反らして
足でベッドを蹴っている
う〜ん
う〜ん
まったく体をひねっていないでしょ
うわーホントだ
硬すぎるー
げっ
ゆがみがさらに悪化すると
朝まで寝入った姿勢のまま
ガシッ
カキーン
寝返りを一回も、打てなくなるの
そんな…
原因の多くは体の側面が固くなっているから
そ、それ…
それって…
なにか簡単に柔らかくする方法なんて…?
あります

えっあるの?!
あります!!
人呼んで「ゴロゴロ寝たままつまんでぷるぷる」略して…
ゴロぷる
ゴ、ゴロ、ぷる?
寝る前にゴロゴロしながら
① お肉の硬いところをつまんでぷるぷる揺らす
② 続いてそこを伸ばしてキープ
寝る前にたった2分!
2分!!
こ、これなら…
私にもできるかしら?
ゴロン
お、今のはなかなかいい寝返りですよ
よ～し、毎晩やってみよっと

ゴロぷる解剖学①

寝る前2分、肉をつまんで揺らす「ゴロ寝つまぷる」で「いい寝返り」が打てるわけ

体をひねれない原因「筋膜の引きつれ」をはがす

体の側面がカチコチだと、体をひねる「やせる寝返り」は打てません。カチコチの側面をほぐすのに最適なのが、ゴロゴロ寝っ転がりながら硬い部分の肉をつまんでぷるぷる揺らす「ゴロ寝つまぷる」です。

そもそも、体の側面がカチコチに硬くなっているのは、筋膜が引きつれて固まっているから。筋膜は筋肉を覆っている薄い膜で、全身に張りめぐらされています。同じ姿勢を続けるなど、日常的に動かさない所があると、その部分の血流やリンパの流れが悪化。筋膜に水分や血液が行き届かな

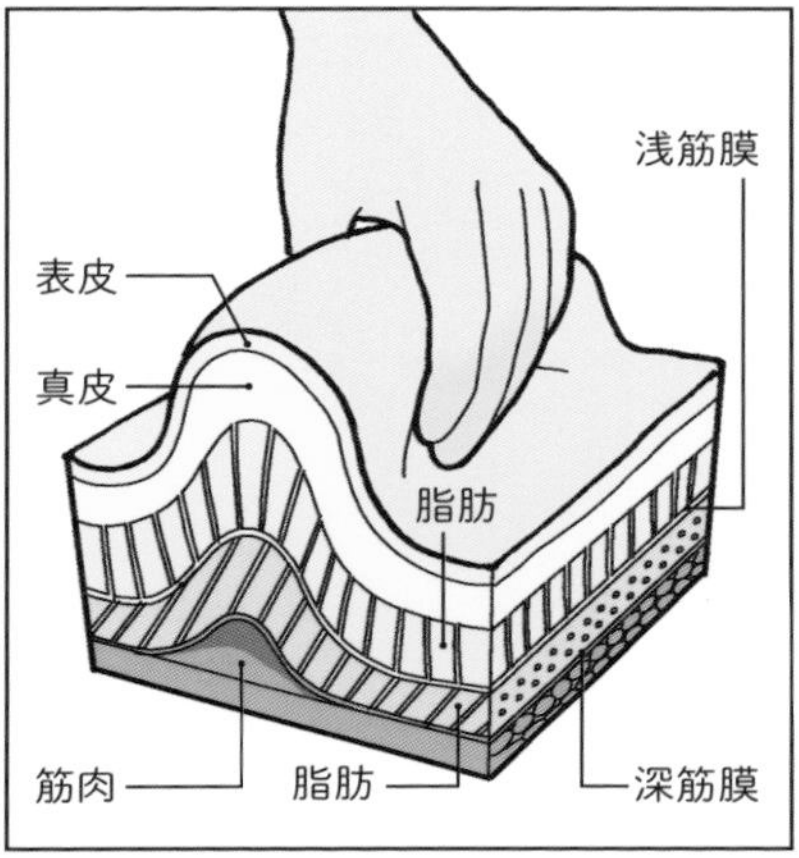

皮膚の下に脂肪があり、さらに下に筋肉がある。筋膜は脂肪と筋肉の間にあるので、脂肪をごっそりつかんで揺らすことで、引きつれた筋膜がほぐれる。

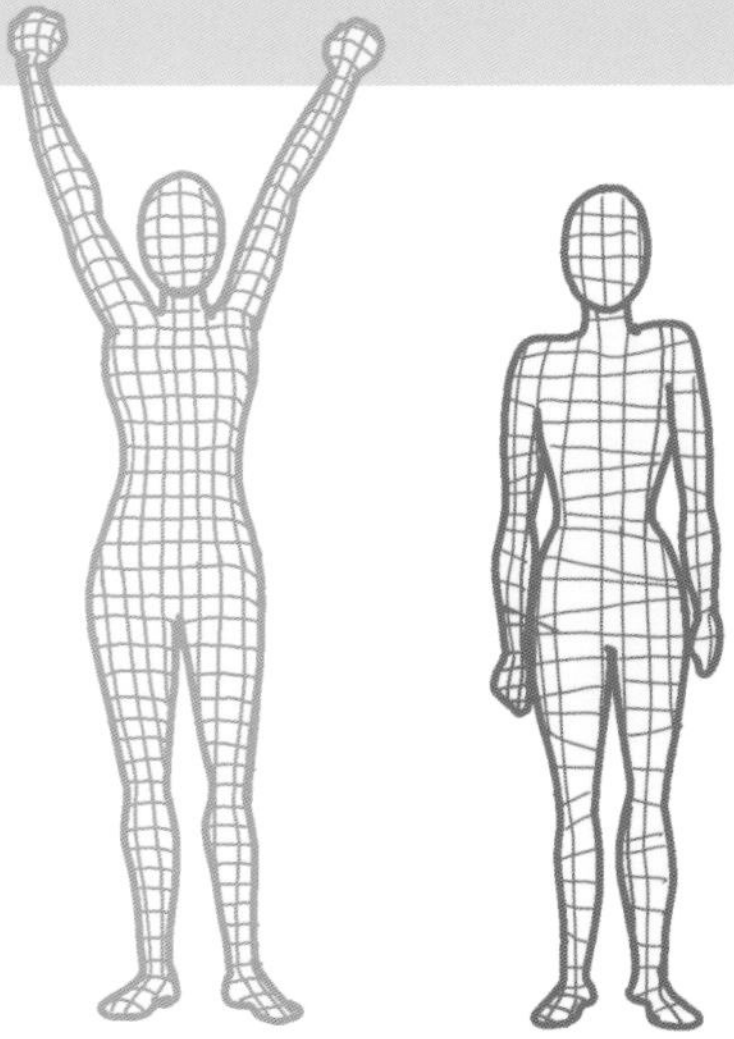

全身に張りめぐらされた筋膜は、ビヨ〜ンと伸びるボディスーツのようなもの。ただし、動きが悪い場所は引きつれができて癒着。そこを伸ばしたり、体をひねったりしにくくなる。

くなり、筋膜が引きつれたまま癒着《ゆちゃく》します。すると、その場所は伸ばしたり、ひねったりしにくくなってしまうのです。

「やせる寝返り」を打てなくなっている人は、わき腹の筋膜が癒着しています。そこでわき腹を「ゴロ寝つまぷる」してあげることで、筋膜の引きつれを解消。スムーズにわき腹を伸ばすことができ、「やせる寝返り」を打てるようになるというわけ。

ちなみに、筋膜が引きつれて体を伸ばせなくなった場所は、筋肉の動きも悪くなります。そこに脂肪がたまるので、「やせる寝返り」が苦手な人は、わき腹にお肉がたっぷりついている人が多いのです。大丈夫！　ゴロ寝つまぷるでわき腹がほぐれてわき腹の筋肉を使えるようになれば、それだけでもウエストがくびれていきます。寝る前2分のゴロ寝つまぷる習慣で、スッキリ下腹&ウエストを手に入れましょう！

CHECK TEST!

「やせる寝返り」打てている？

- □ 寝返りを打つとき、ベッドを蹴っている気がする
- □ 背中を丸め、手脚を縮めて寝ている
- □ 寝入った姿勢のまま朝までほぼ動かない
- □ 腰痛があり、真っすぐあおむけの姿勢になれない
- □ 起きると腰が痛い

□ 寝ても疲れが取れない

□ 起きたとき、顔やふくらはぎがむくんでいる

□ 慢性的な肩こりに悩んでいる

□ 下腹が出ている

□ ウエストにくびれがない

□ 体が硬い

1つでも当てはまる人は「やせる寝返り」を打てていない可能性が大！

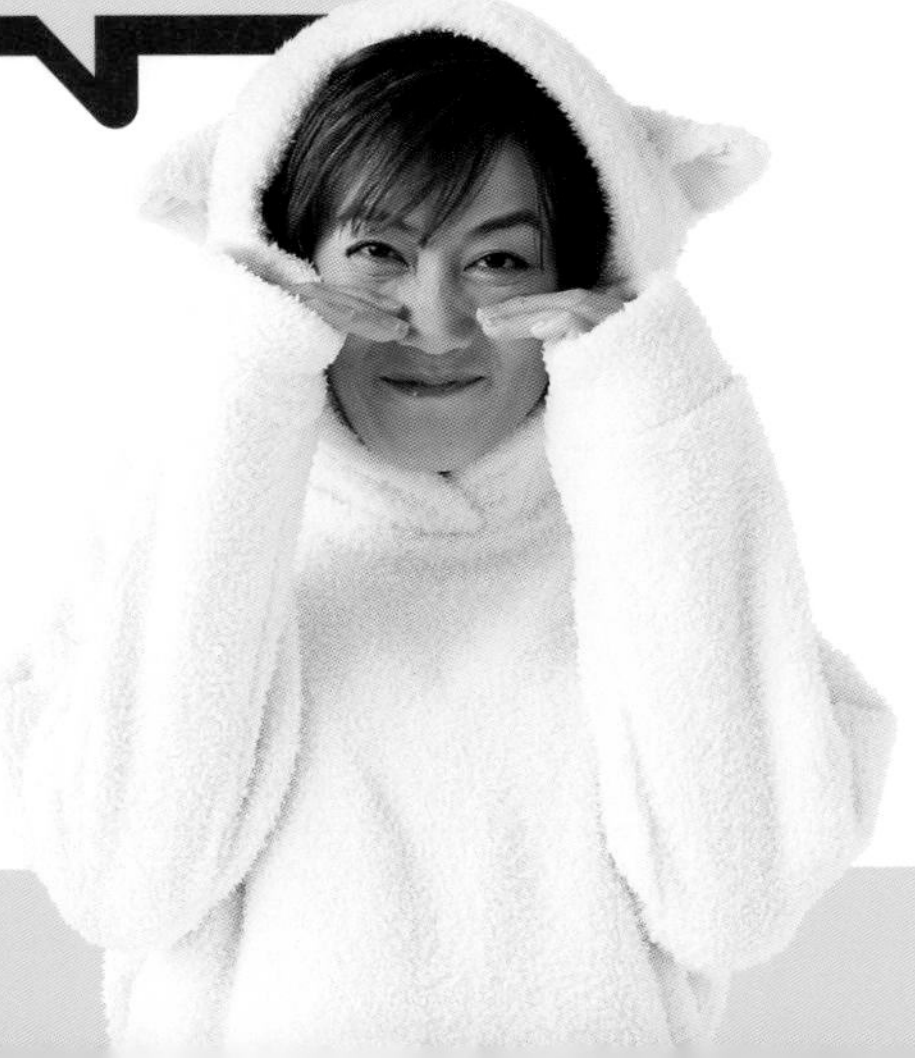

まんが ゴロ寝つまぷるで骨盤からペタ腹

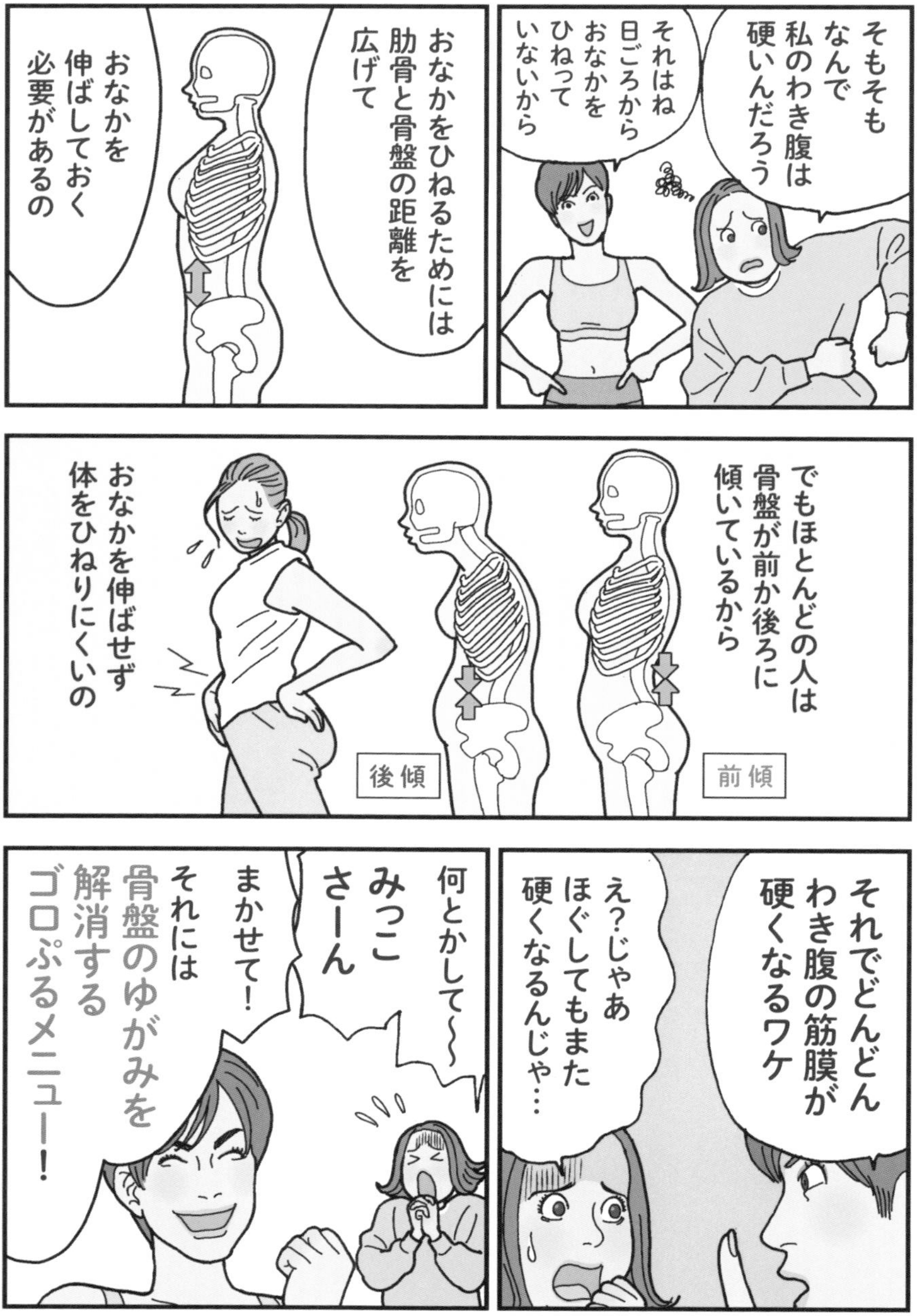

そもそも なんで 私のわき腹は 硬いんだろう
それはね 日ごろから おなかを ひねって いないから
おなかをひねるためには 肋骨と骨盤の距離を 広げて
おなかを 伸ばしておく 必要があるの
でもほとんどの人は 骨盤が前か後ろに 傾いているから
前傾
後傾
おなかを伸ばせず 体をひねりにくいの
それでどんどん わき腹の筋膜が 硬くなるワケ
え？じゃあ ほぐしてもまた 硬くなるんじゃ…
何とかして〜〜 みっこ さーん
まかせて！ それには 骨盤のゆがみを 解消する ゴロぷるメニューーー！

前傾の人は
腰
下腹
前もも
後傾の人は
胸
みぞおち
裏もも
ここを伸ばす
ゴロぷるで
骨盤のゆがみが
改善します！
わき腹の
ゴロぷると
セットでね
そういえば私、
前傾、後傾
どっちなんだろ？
それは
38-39ページの
骨盤の傾き
チェックテスト
で判定してね！
おなかを伸ばせる
ようになると
無意識のうちに
おなかに
力が入るので
ペタ腹へ
一直線よ！
わあ
1カ月後の
自分が楽しみ！

ゴロぷる解剖学❷

骨盤が傾いていると驚くほどやせられない！

骨盤が傾くとおなかを伸ばせずひねれない

姿勢は、ボディラインを決める大きな要素です。試しに肋骨と骨盤の距離を広げるイメージで、グーッとおなかを伸ばしてみてください。それだけで下腹がヘコみ、ウエストがくびれますよね。でもその姿勢を保つことがツラくて、すぐに元に戻ってしまう人が多いと思います。

それは長年、骨盤を前傾、もしくは後傾させる悪い姿勢でいたため体がゆがみ、体のあちこちに筋膜の引きつれができているから。引きつれに引っ張られて、おなかを伸ばしておく（＝いい姿勢

おなかが伸びていると、歩く、遠くのものを手を伸ばして取る、ボールを投げるなど何気ない日常動作でもおなかをひねって使う。ところが骨盤が傾いているとおなかが伸びず、ひねることもないため可動範囲が小さくなる。体幹をひねらないことで、わき腹の筋膜が引きつれ、体が板状に。

を保つ）ことができなくなっているのです。

おなかを伸ばせないと、わき腹はどんどん硬くなります。なぜなら、おなかを伸ばせないと、体をひねる機会が激減するから。

例えば歩くとき、おなかがスッと伸びていると、体をひねって腕を振り、バランスをとりながら足を出して全身を連動させられます。ところがおなかを伸ばせないと、おなかをスムーズにひねることができません。体幹を動かさず、腕は手先だけ振り、脚はひざから下だけを使う「ロボット歩き」に。骨盤の前傾、後傾グセを直し、おなかを伸ばせるようになれば、自然とおなかに力を入れられるようになるからヘコむのです。

骨盤が前傾か後傾かによって、筋膜が引きつれる場所は異なります。骨盤の傾きを38ページのチェックテストで確認し、骨盤を整えるゴロ寝つまぷるほぐしをわき腹ゴロぷるに追加しましょう。

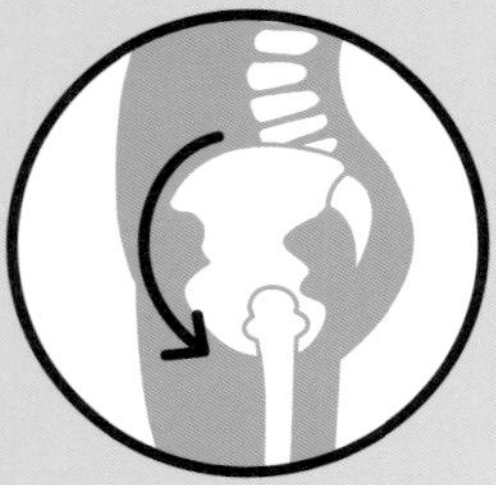

骨盤前傾さんがほぐす場所

骨盤が前傾すると硬くなる 3大部位

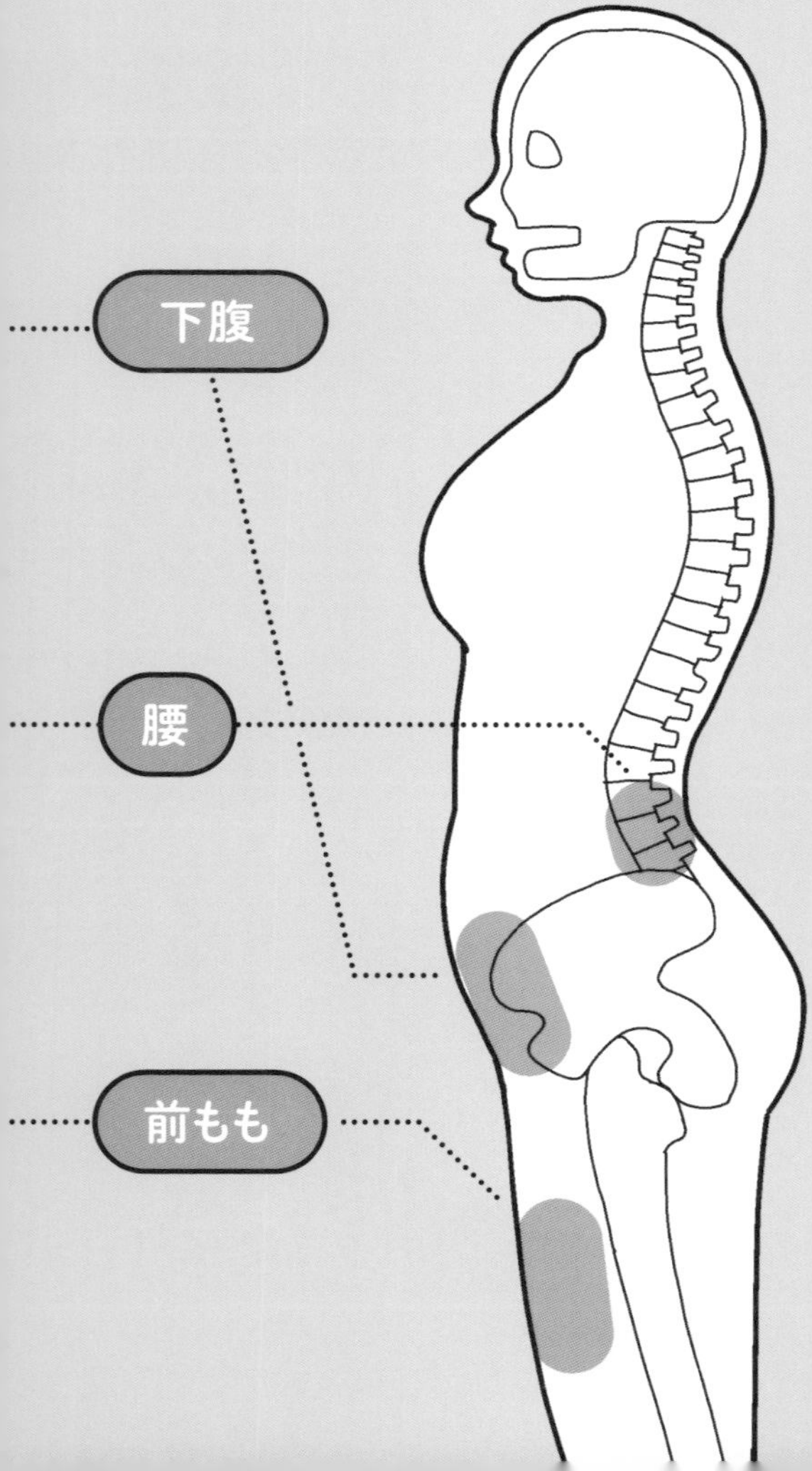

骨盤が前傾すると、腰を反り、おなかを突き出すような姿勢になります。胃からポッコリ出るたぬき体形です。崩れた重心バランスを受け止めるのは前ももの筋肉。そのため、前ももがパンパンに張りやすくなるのです。

また、腰まわりの筋肉は常に縮んでいることで、筋膜も縮んで引きつれています。前もも、下腹、腰の筋膜の引きつれや筋肉の張りをほぐし、筋肉が伸び縮みできるようにすることで、骨盤の前傾が解消してきます。

骨盤前傾さん向けメニュー

BASIC MENU ……………… **わき腹ゴロぷる**（P.40）

＋

［前傾さんの硬い3大部位ほぐし］

下腹ほぐし
（P.42）

へそ&腰ほぐし
（P.44）

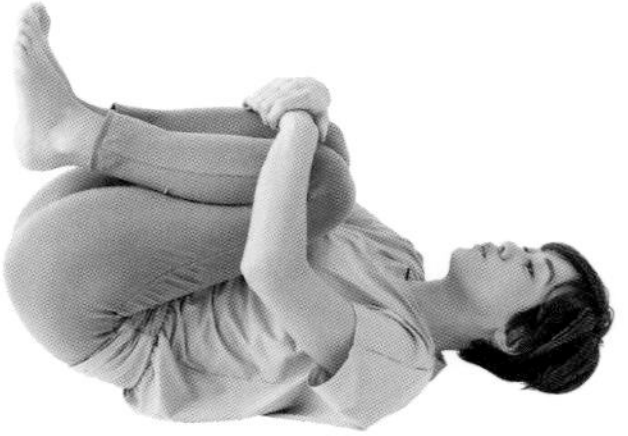

前ももほぐし
（P.46）

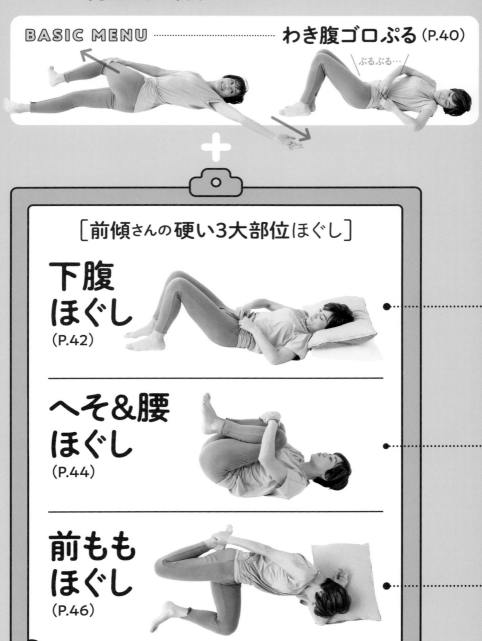

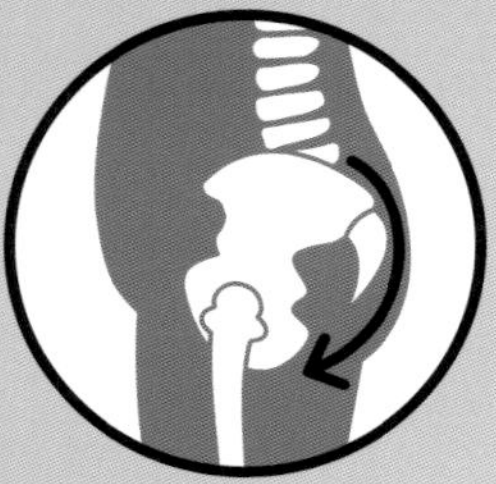

骨盤後傾さんがほぐす場所

骨盤が後傾すると硬くなる 3大部位

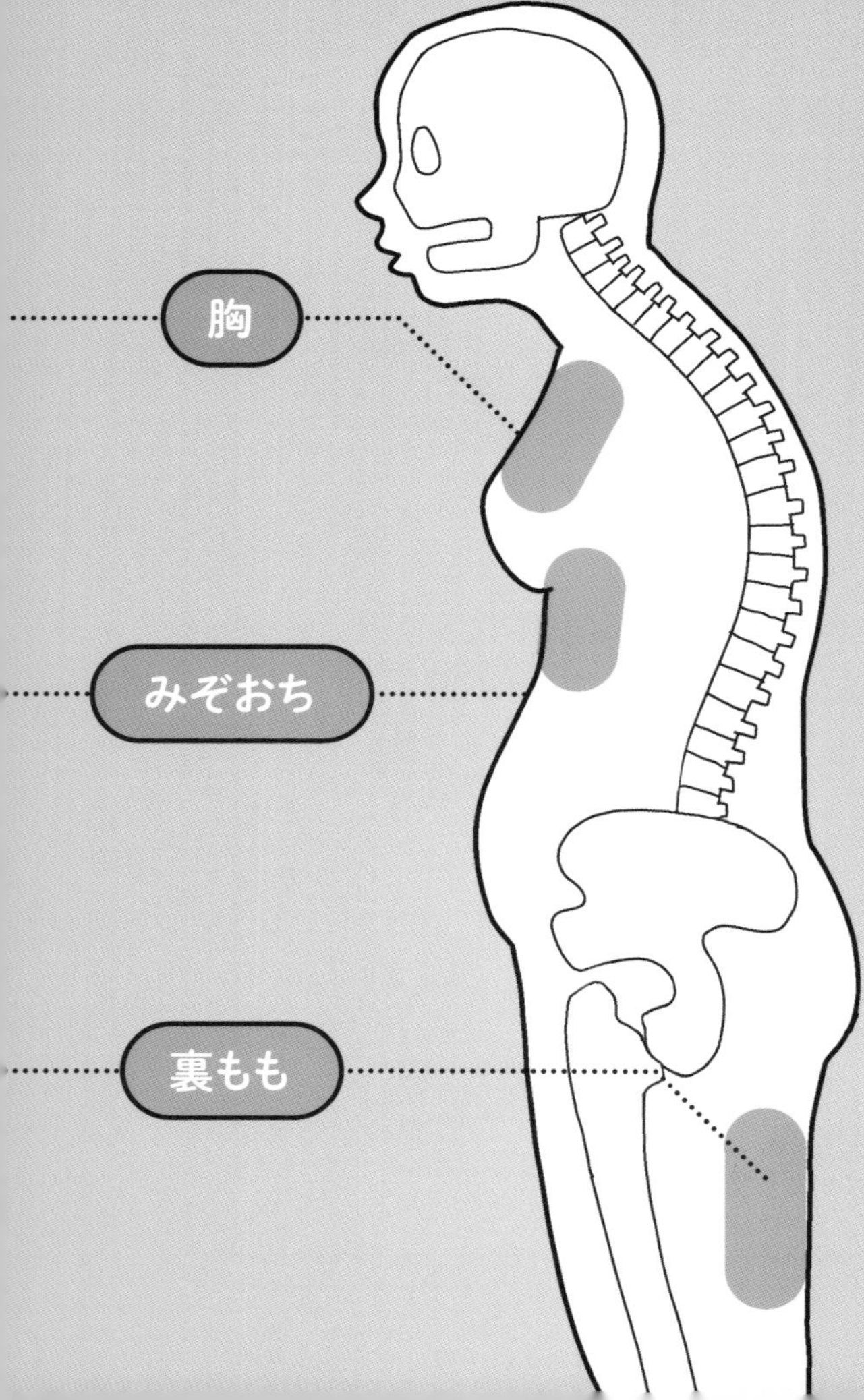

骨盤が後傾すると姿勢は猫背に。胸やみぞおちが丸まり、体の前側が縮まって固まります。すると胸やみぞおちの筋膜が引きつれて癒着《ゆちゃく》。背すじを伸ばして胸を開こうとしても、すぐ巻き肩に戻ってしまいます。

また、骨盤が後傾していると、裏もものハムストリングスがガチガチに。硬くなったハムストリングスがさらに骨盤を後ろへと引っ張り後傾が悪化します。

　骨盤後傾を改善するためにほぐしたいのは、胸、みぞおち、裏ももの3カ所です。

骨盤後傾さん向けメニュー

BASIC MENU …………………… **わき腹ゴロぷる**（P.40）

＋

［後傾さんの硬い3大部位ほぐし］

胸ほぐし
（P.48）

みぞおちほぐし
（P.50）

裏ももほぐし
（P.52）

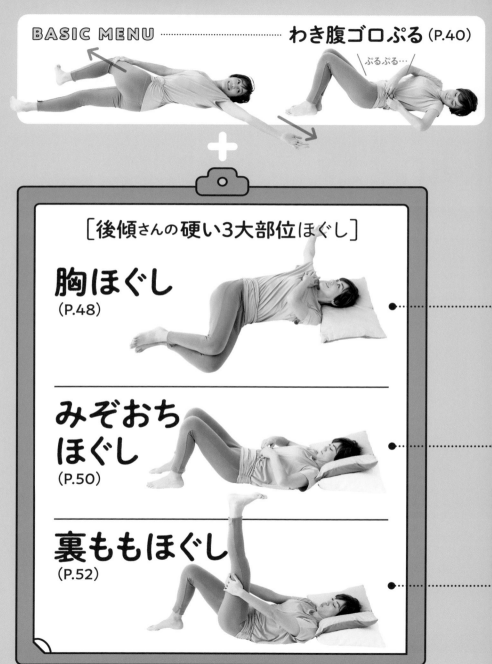

column 01

40歳を過ぎたら がんばるダイエットは厳禁！

40歳を超えてツラく苦しいダイエットをするのは厳禁。理由は3つあります。

まず1つめ、「老けるから」！ 特に厳しい食事制限で一気にやせると、きれいになるどころか肌がたるんで老け見えしやすいんです。

2つめは「体を痛めやすいから」。今まで全然運動してこなかった人がランニングしたり、若い子向けの激しいダンスをすれば、ほぼ100%ひざや腰を痛めます。

3つめは「太るから」。実際、少しやせてはリバウンドでダイエット前より太った経験、ありませんか？ 40歳過ぎてのリバウンドは危険。なぜならダイエットで筋肉を落とし、リバウンドで脂肪をつけてしまうから。ダイエットするたびに、体脂肪率が増えているという人が多いんです。

じゃぁ40歳過ぎてやせたい人はどうすればいいのか。1カ月で3kgのような期間限定ではなく、一生続けられるやせる習慣をつけるのが最善！ これならリバウンドもありません。手始めに「ゴロ寝つまぷる」。ぜひ一生ものの習慣にしてください！

かえって太りやすく
なっちゃいます！

第2章

＼こんなに超ラクでいいの!?／

実践!2分 ゴロ寝 つまぷる

ゴロ寝つまぷるの コツ

ゴロ寝つまぷるは基本的に、「硬い部分の脂肪をつまんでぷるぷる揺らす」→「ほぐれたら伸ばす」の動きがセット。揺らし方にはコツがあります。

コツ 01

脂肪は分厚くつまむ

ゴロ寝つまぷるは、固く引きつれた筋膜をはがすのが狙い。肉をうっすらつまんだだけでは、筋膜を刺激できません。脂肪をできるだけたくさんつかみましょう。

OK!
NG!
これでは
少なすぎ!

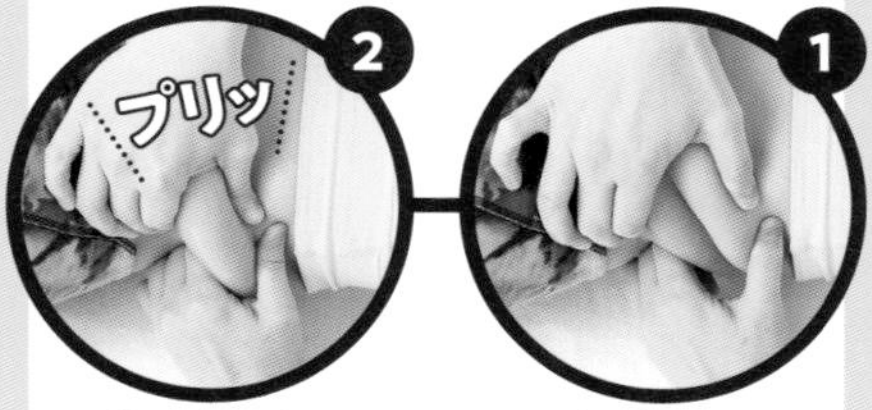
1
2
プリッ

肉が2段になったら

1段になるまで押しだそう

コツ 02

つまむ強さは大福からあんがハミ出さないぐらい

ぷるぷる肉を揺らすと痛みを感じますが、それは筋膜がはがれる痛み。つねるように強くつまむ必要はありません。「大福からあんがハミ出さない強さ」を目安に、やさしくつまみます。

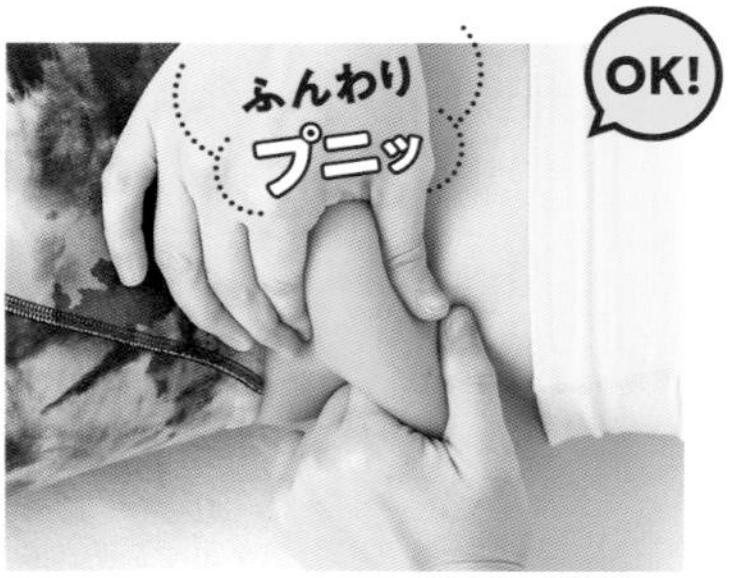
OK!
ふんわり
プニッ

NG!
これは
強すぎ!
ギュ〜〜〜〜!!

コツ03

つまみにくいときは 体を倒す

体が伸びていると、脂肪の層が薄くつまみにくくなります。つまみたい方向へ体を倒せば、しっかりつまめます。

あれ? つまみにくい

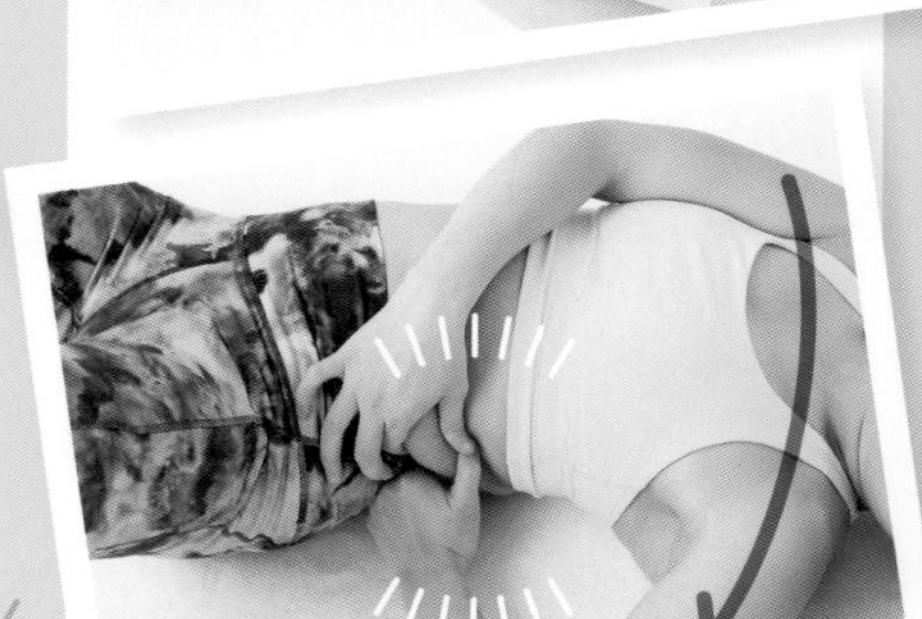

しっかり つまめる!

コツ04

伸びやすさの Before⇒After を比べてみる

ゴロ寝つまぷるは「つまんでぷるぷる」→「ほぐれたら伸ばす」が基本ですが、先に体を伸ばしてみるのもおすすめ。硬くて伸ばしにくかった場所が、つまんでぷるぷる揺らしたことで、グーンと伸びるようになる変化を実感でき、モチベアップにつながります。

BEFORE…

硬くて伸びない!

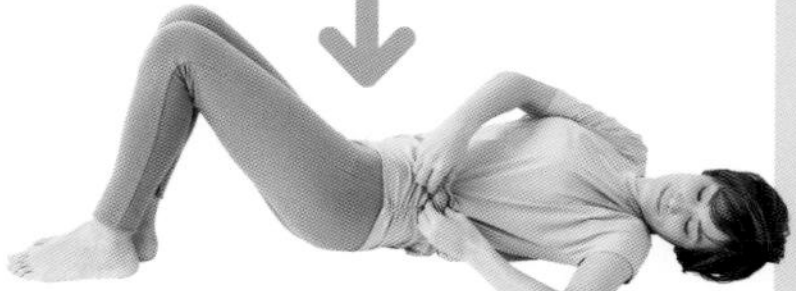

肉をつまんで ぷるぷる揺らしたら……

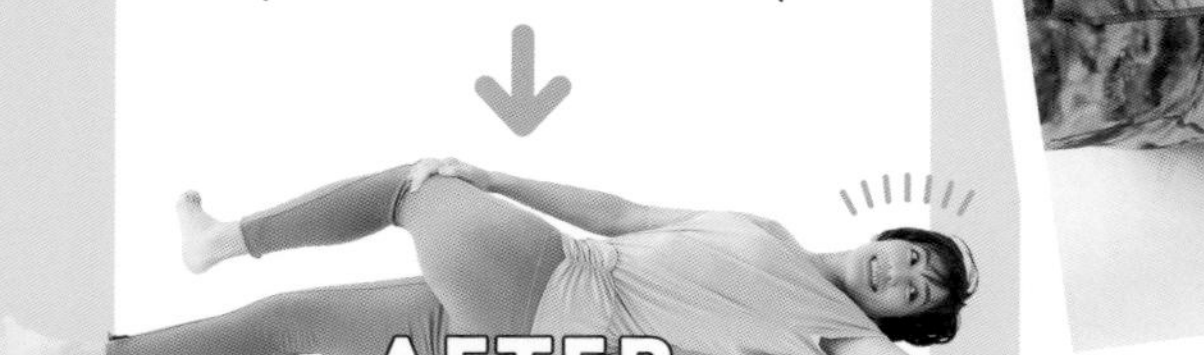

AFTER スムーズに 伸びる!

骨盤の傾きチェックテスト

あおむけになったとき、腰と床の間に手が余裕で入る

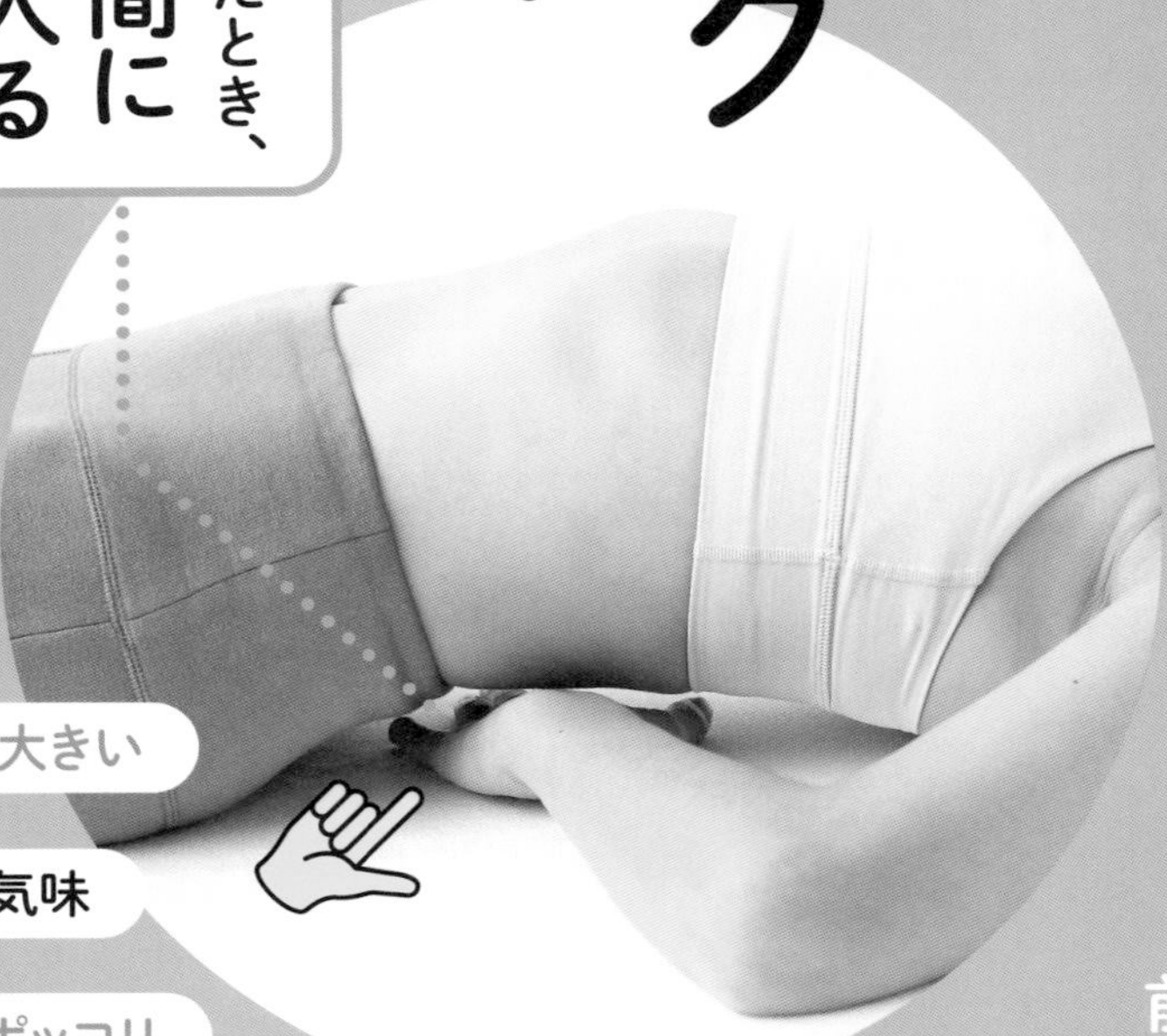

- お尻が大きい
- 内また気味
- 胃からポッコリ
- 前ももが張っていて脚が太い

こちらに当てはまる項目が多ければ

骨盤前傾さん

わき腹ゴロぷる（P.40）＋
骨盤前傾さんメニュー（P.42〜47）をやろう！

あおむけになったとき、

腰と床の間に手が入らない

体の側面が硬くなる原因は、骨盤が**前傾して反り腰**、もしくは**後傾して猫背**のいずれかのゆがみがあるから。どちらのタイプなのかチェックし、自分に合うゴロ寝つまぷるメニューを行いましょう。

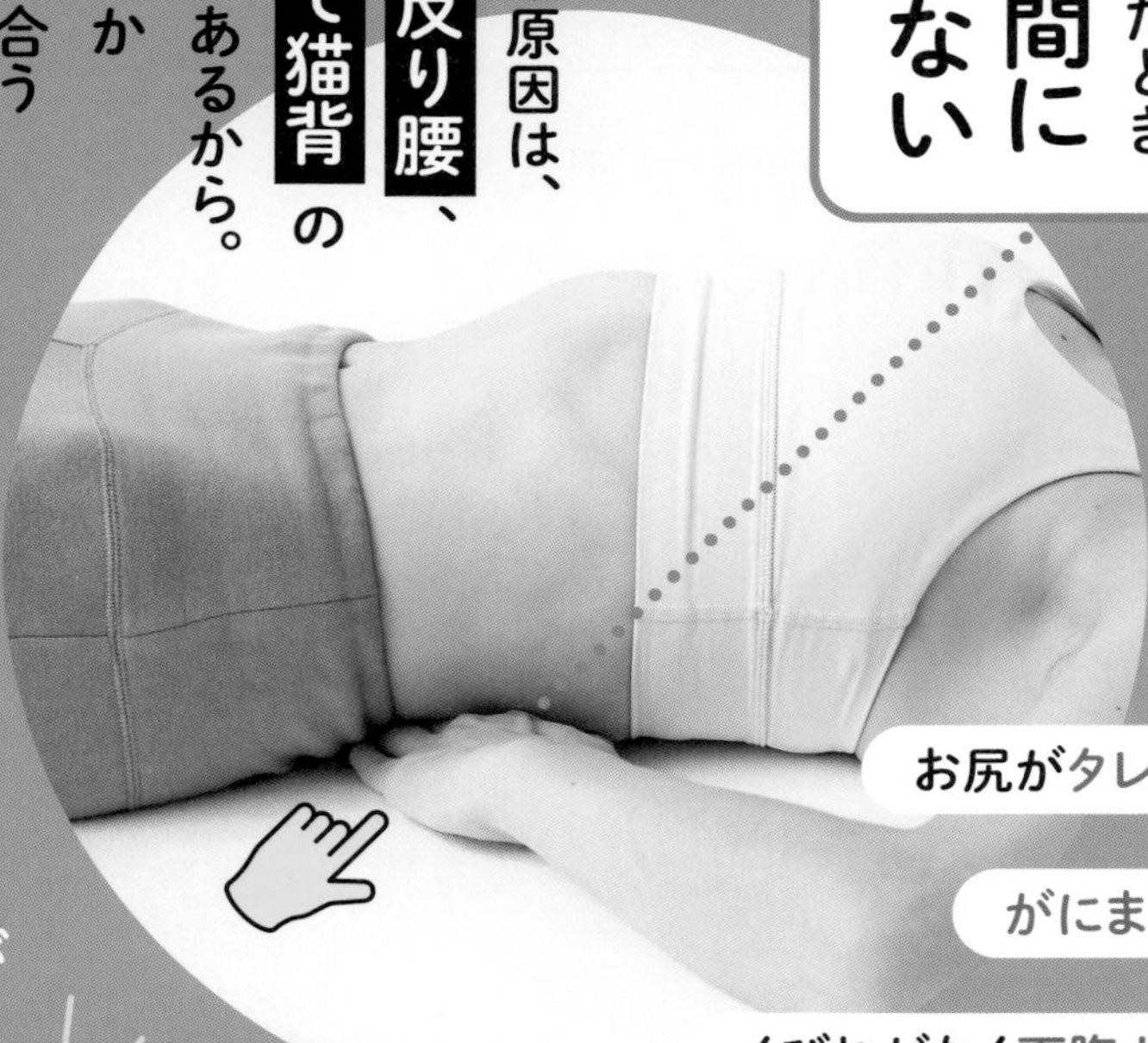

- お尻がタレている
- がにまた気味
- くびれがなく下腹ポッコリ
- 脚は案外細い

こちらに当てはまる項目が多ければ

骨盤後傾さん

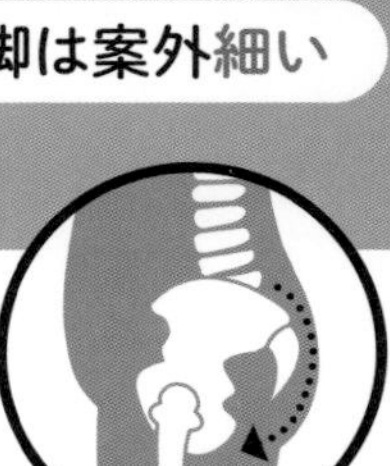

わき腹ゴロぷる（P.40）＋
骨盤後傾さんメニュー（P.48〜53）をやろう！

骨盤タイプ

全員
共通

腹筋全体を使う寝返りが打てる!

わき腹ゴロぷる

動画で
確認!

板のように硬化している体側。脂肪をつまんでぷるぷる揺らしてから、ぐ〜んと伸ばすことでほぐします!

1 わき腹をつまんで ぷるぷる揺らす

15秒

あおむけになりひざを立てたら、両手で左のわき腹の肉を集めてつまみ、ぷるぷる揺らします。つまむ場所を変えながら15秒続けて。

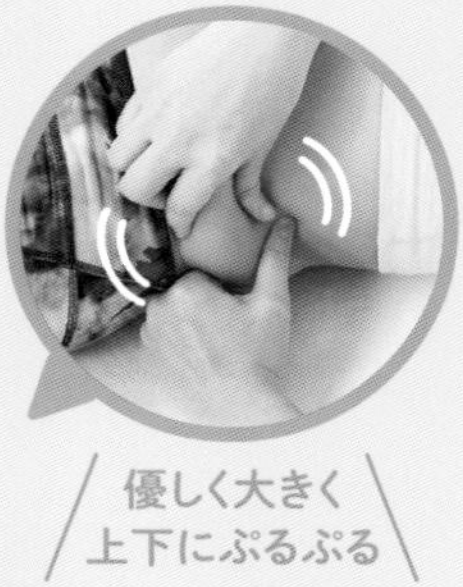
優しく大きく
上下にぷるぷる

2 ひざを倒しながら 手を上に滑らせる

15秒

ひざを右に倒しながら手は上に。わき腹が伸びて脂肪が手から外れます。場所を変えながら15秒続けましょう。

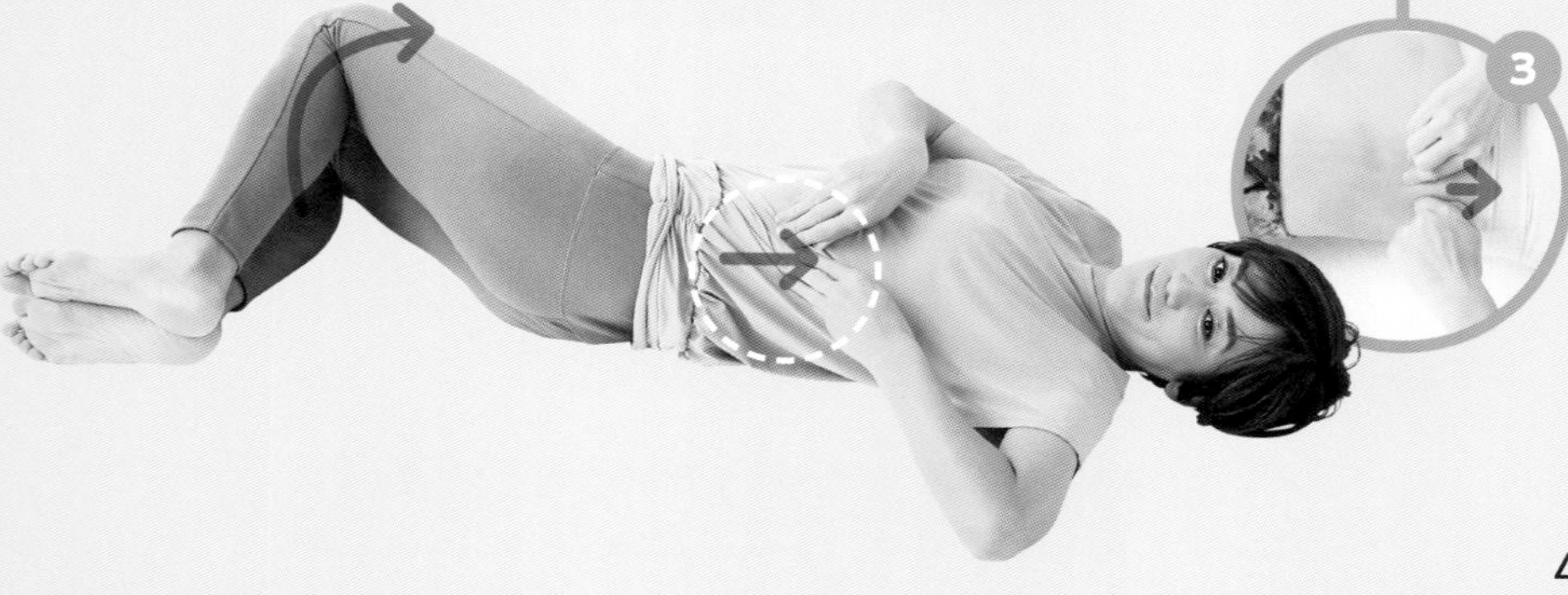
1
2
3

POINT!

**腰肉が落ちてくびれも復活！
便秘解消にも効果あり**

刺激するのは…

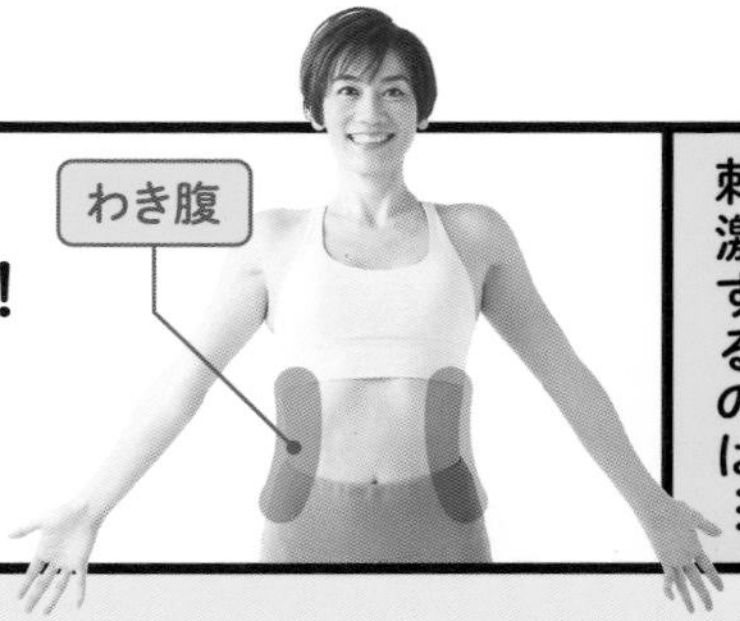
わき腹

3 左足を体の右側へ倒す

右ひざは伸ばし、左ひざは曲げたまま、下半身を右へひねります。右手で左ひざを押さえましょう。

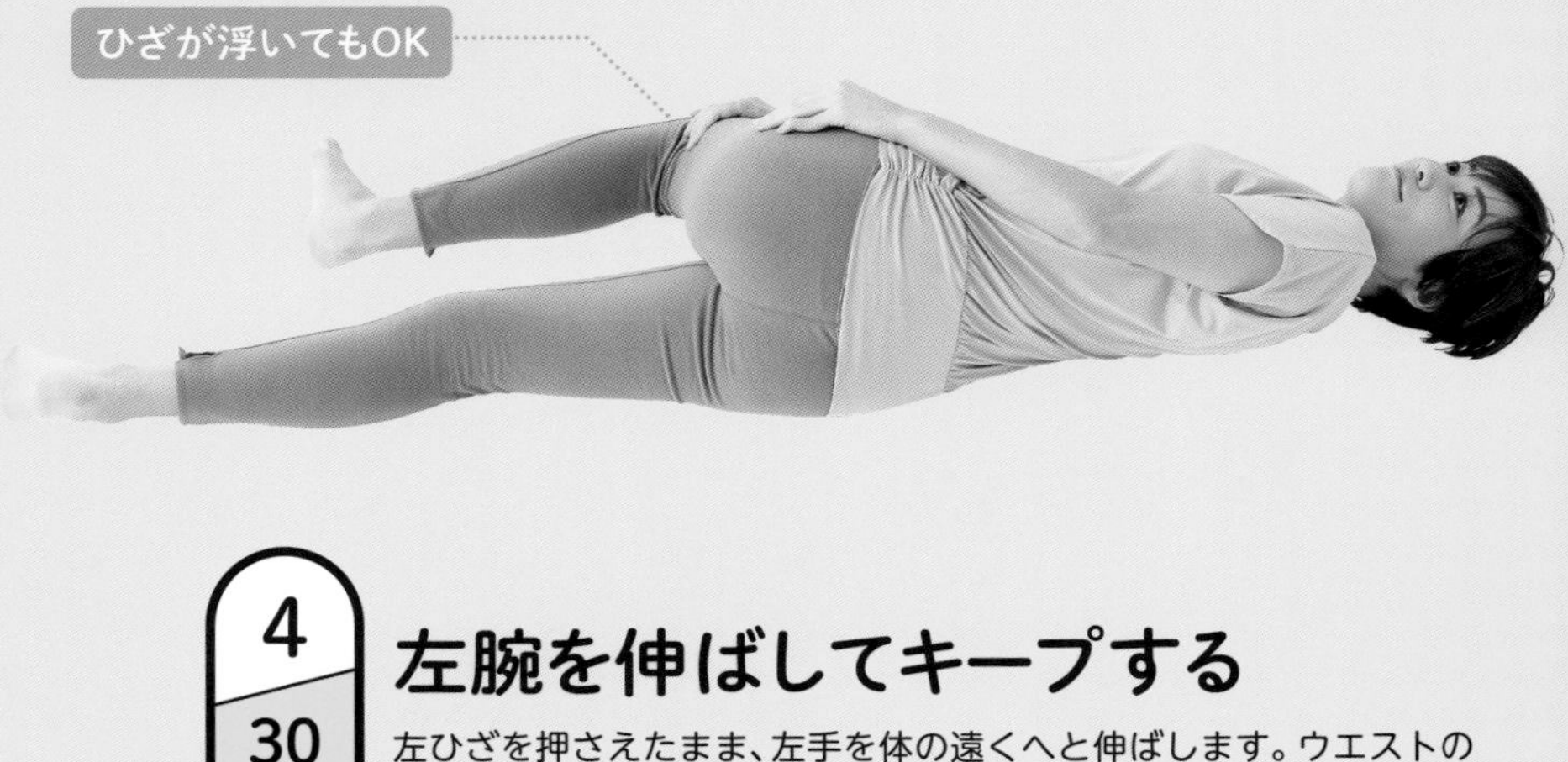
ひざが浮いてもOK

4 30秒 左腕を伸ばしてキープする

左ひざを押さえたまま、左手を体の遠くへと伸ばします。ウエストのひねりを感じながら30秒キープしたら、左右を変えて1〜4を行います。

大きく
深呼吸
目線は手先に
肩を床につける
手と足を引っ張り合うイメージで

骨盤タイプ

後傾さん　前傾さん

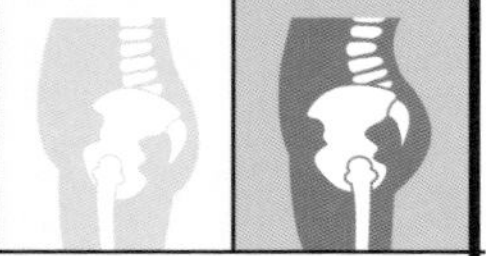

動画で確認！

反り腰でゆるんだ 下腹ほぐし

前傾さん❶

反り腰だと下腹に力を入れにくくなります。おなかを突き出す姿勢になり、胃からポッコリ出がち。下腹を刺激して、骨盤を立ちやすくしましょう。

1　下腹の肉をつまんで ぷるぷる揺らす

15秒

あおむけになり、両ひざを立てます。両手で左下腹の肉をつまみ、ぷるぷる揺らします。つまむ場所を変えながら15秒続けて。

ぷるぷる…
頭を高くするとつまみやすい

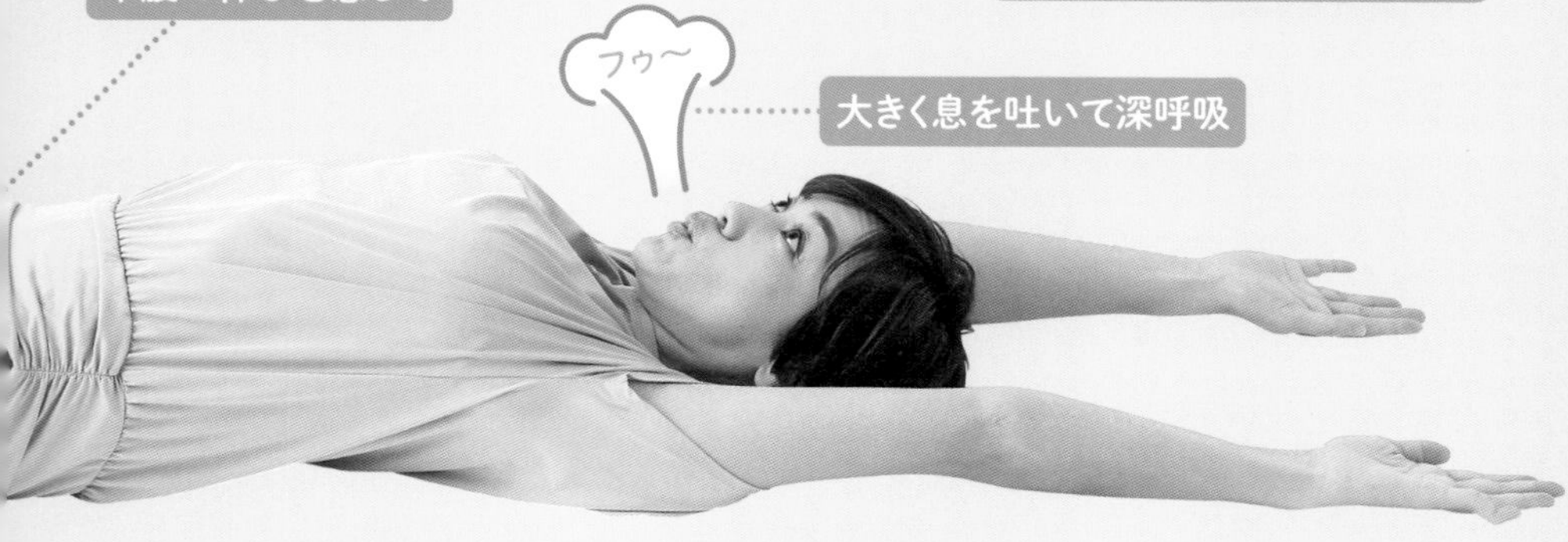
下腹の伸びを感じて
フゥ〜
大きく息を吐いて深呼吸

POINT!

前傾した骨盤が立ち
胃からポッコリが改善！
股関節の詰まりも解消する

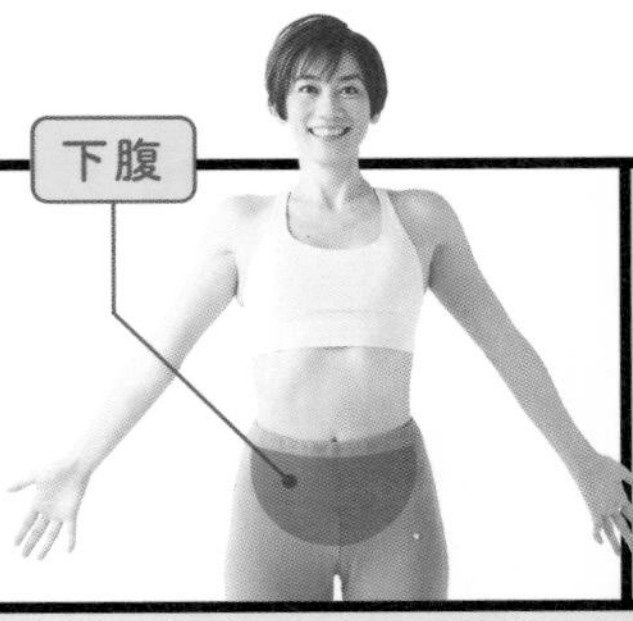

刺激するのは…

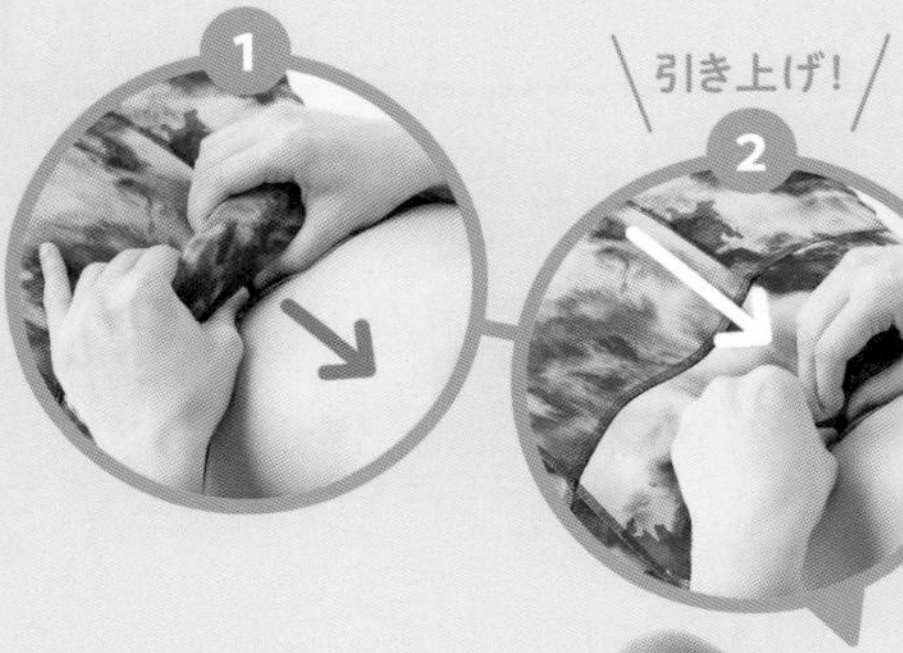

2 15秒 手を上に滑らせ肉を引き上げる

肉をつまんだまま、左脚を伸ばしながら手を上に滑らせます。上がるにつれて、肉が手から外れてOK。場所を変えながら15秒続けましょう。左右を変えて1、2を同様に行います。

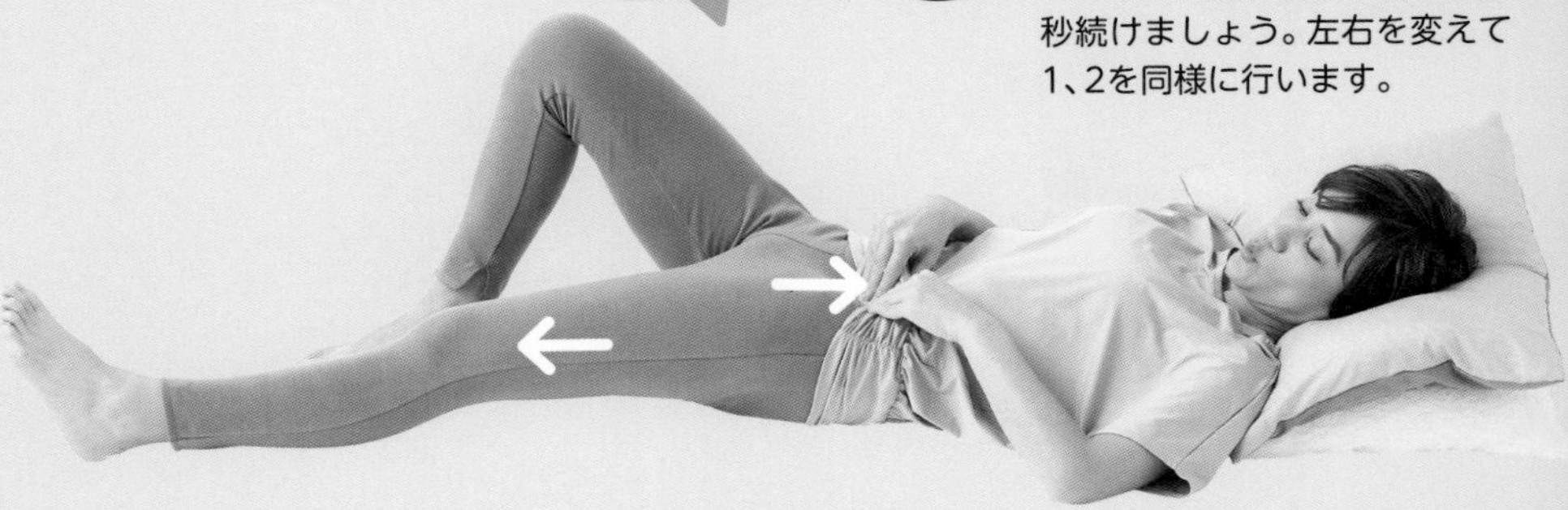

3 30秒 両手両脚を伸ばしてキープする

ばんざいするように、両手両脚を同時に伸ばします。深呼吸しながら30秒キープしましょう。

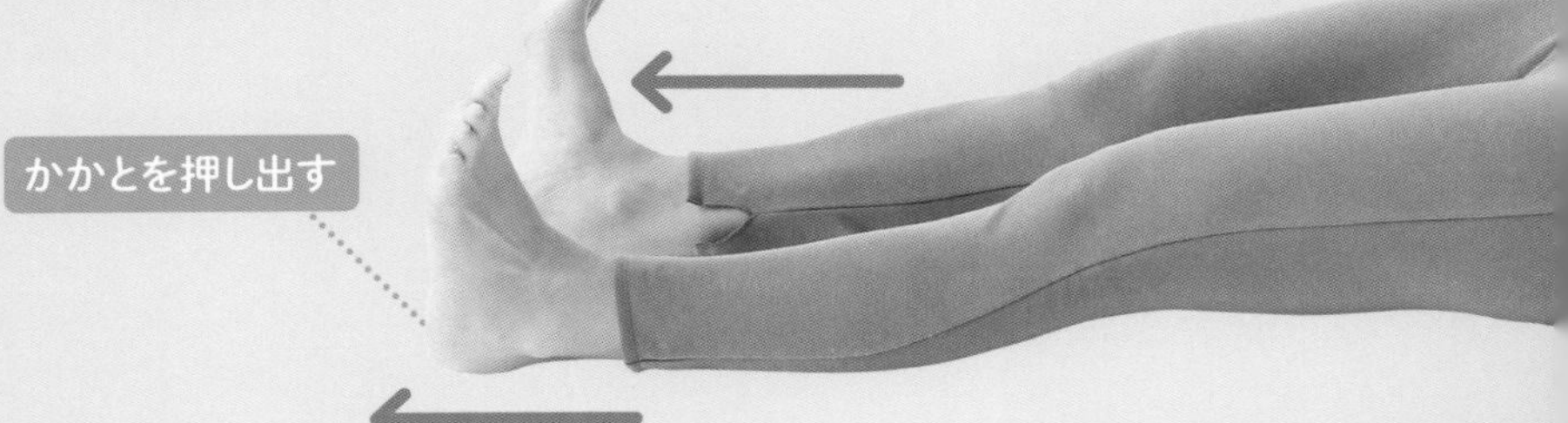

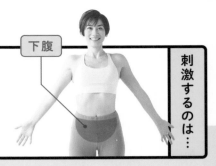

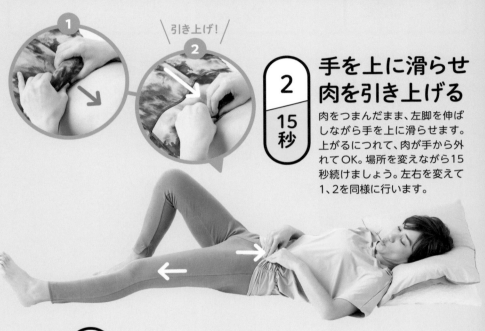

骨盤タイプ

後傾さん　前傾さん

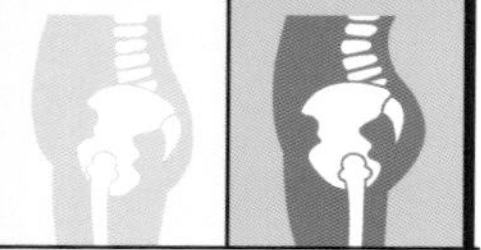

反り腰でバランス悪い　前傾さん❷

へそ&腰ほぐし

動画で確認！

縮みっぱなしの腰の筋肉を伸ばします。ただし、セルフで腰をつまむのは困難。へそまわりをほぐすことで、背面の筋肉がゆるみやすくなります。

1 15秒 へそまわりの肉をつまみ左右交互に上下させる

へそあたりの肉を左右の手で横からつまみます。そのまま太鼓をたたくように、左右交互に上下にクロスさせて揺らしましょう。これを15秒続けて。

頭を高くするとつまみやすい

POINT!

腰が伸びて血流が改善。腰痛も軽くなる

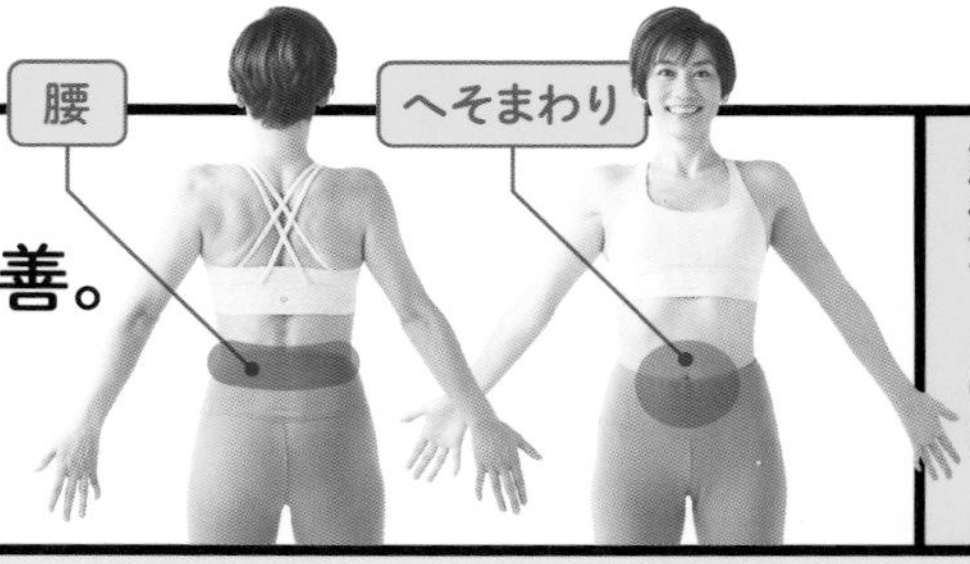
腰
へそまわり

刺激するのは…

2 両手でひざを抱え胸に引き寄せる

15〜30秒

両手でひざを抱え、胸にグーッと引き寄せます。腰の伸びを感じながら15〜30秒キープしましょう。そけい部に詰まりを感じる人はこれを❸前ももほぐしのあとに行ってもOK。

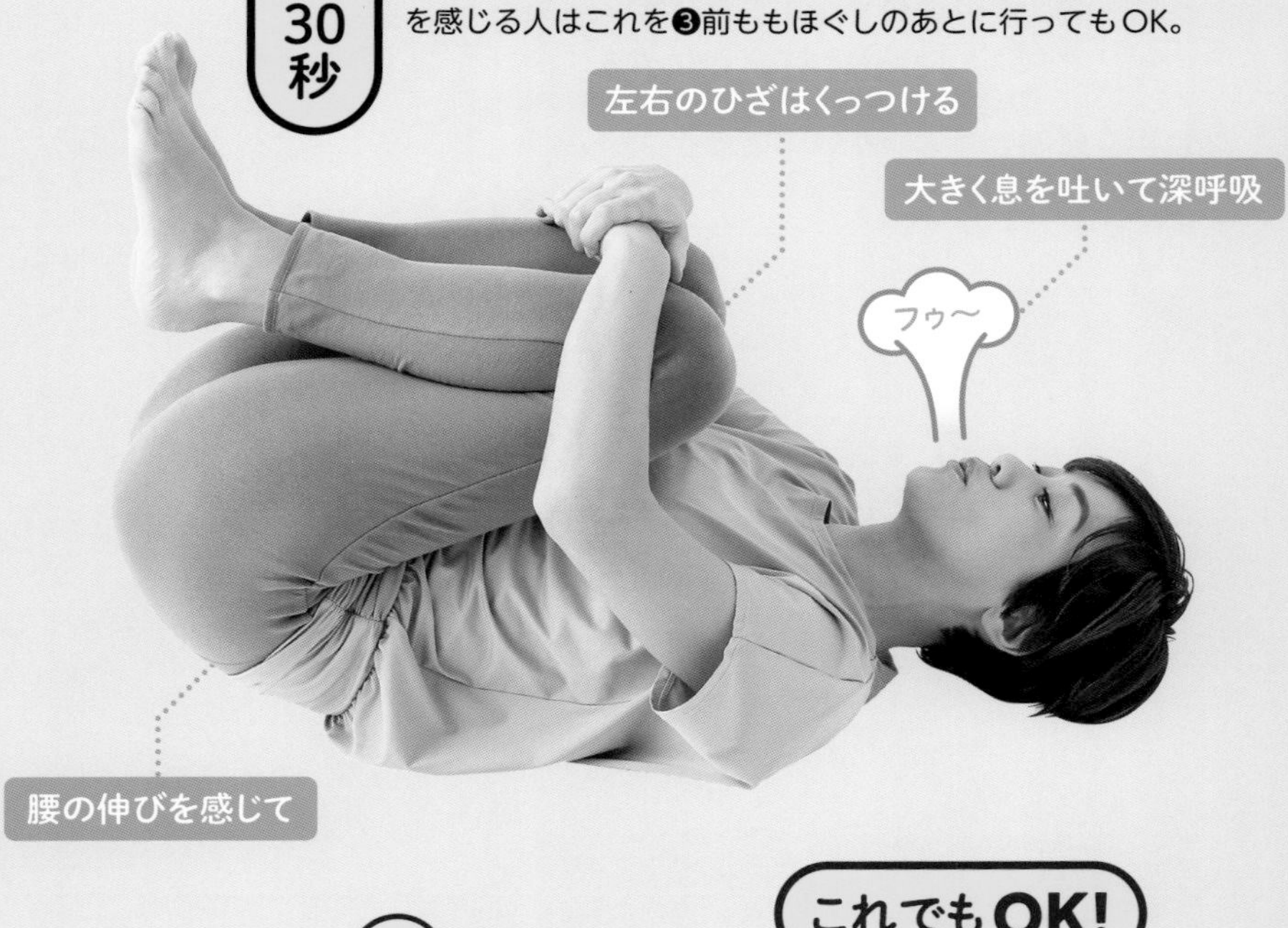
左右のひざはくっつける
大きく息を吐いて深呼吸
フゥ〜
腰の伸びを感じて

これでも**OK!**

OK!

両ひざをつけるのがキツい人は

片脚ずつ引き寄せよう

骨盤タイプ

後傾さん	前傾さん

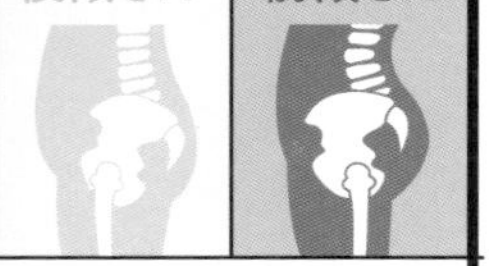

反り腰で負担大の 前ももほぐし

前傾さん❸

動画で確認!

前ももがガチガチだと、前ももの筋肉に引っ張られて骨盤は前に倒れやすくなります。前ももをほぐし、骨盤位置をニュートラルにキープ! そけい部の詰まりも解消。

1 前ももをつまんで ぷるぷる揺らす

15秒

あおむけでひざを立て、右足を左ひざにのせます。続いて、両手で右前ももの肉をつまみ、ぷるぷると揺らしましょう。つまむ場所を変えながら15秒続けて。

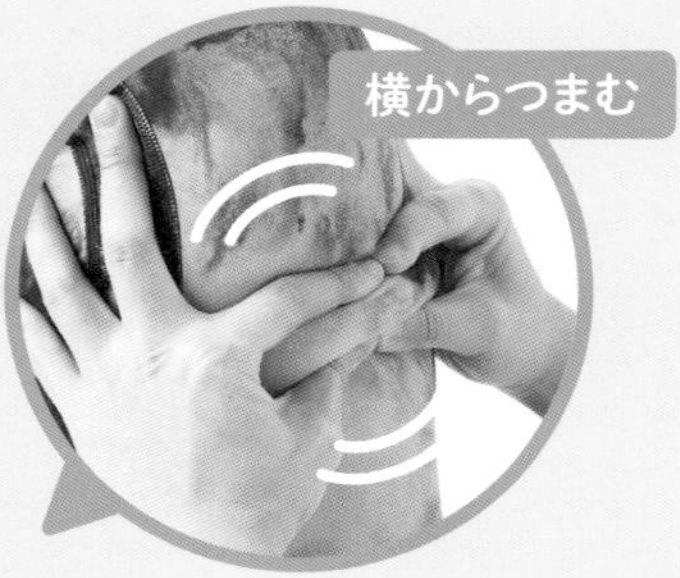

これでも**OK!**

前ももを押しながら上下に皮ふをずらすように動かす

POINT!

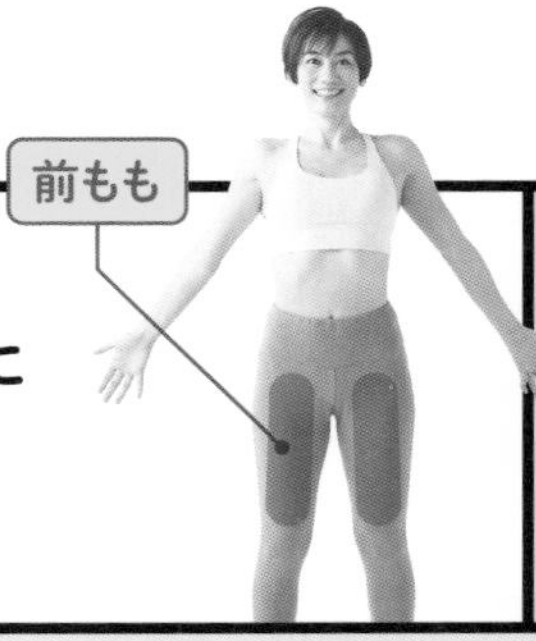
前もも

パンパンに張ってゴツ見えしていた前ももがスッキリ！ スラリ脚に

刺激するのは…

2 足首を持ち前ももを伸ばす

15秒

左が下になるよう横向きに寝て、右手で右足首をつかみます。そのままかかとをお尻に近づけて、前ももを伸ばしましょう。15秒キープしたら、左右を変えて1〜2を行います。

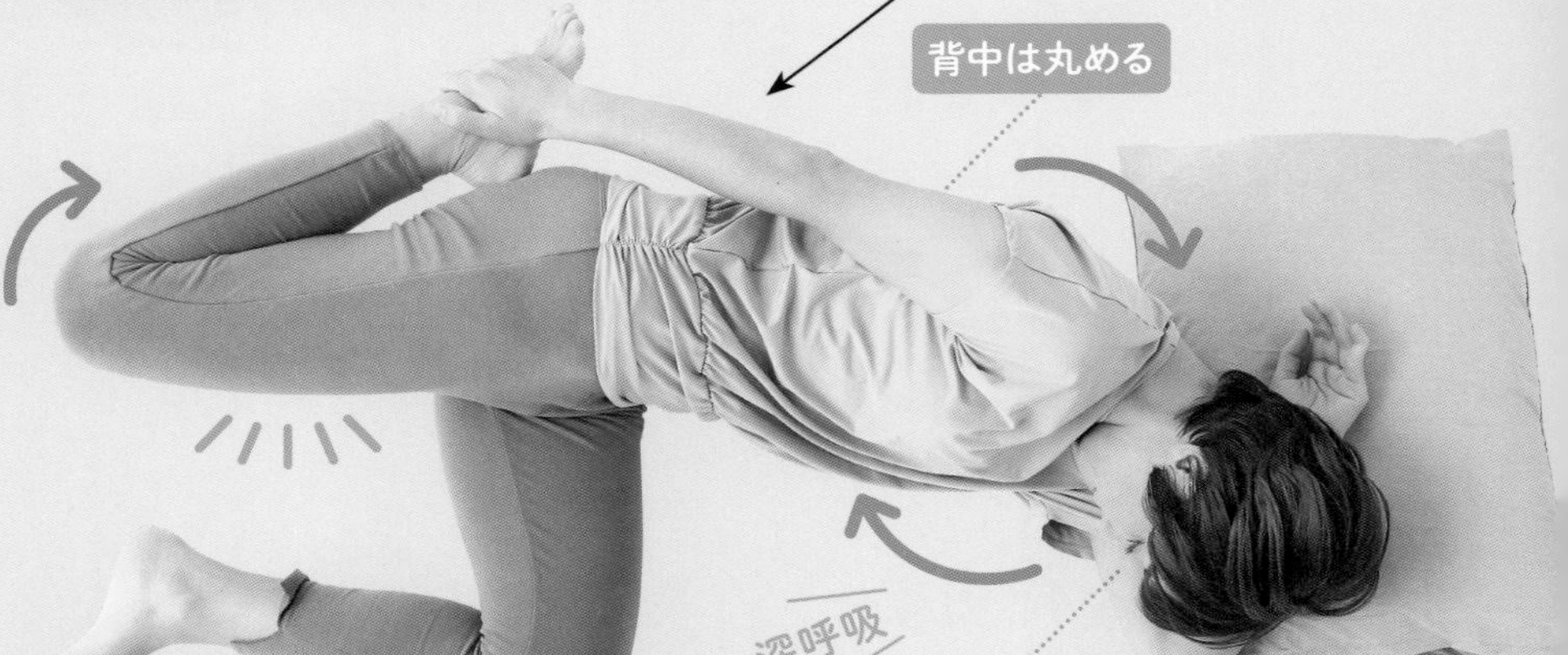
背中は丸める
深呼吸
目線はおなか

NG!

これはNG!

腰を反ると前ももの伸びが甘くなる

骨盤タイプ

後傾さん　前傾さん

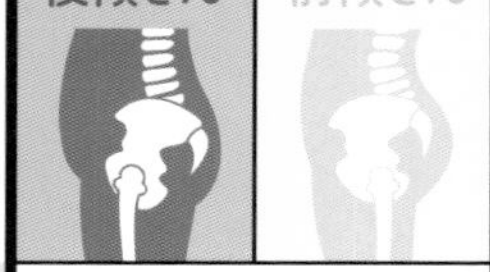

猫背で縮んだ 胸ほぐし

後傾さん❶

動画で確認！

巻き肩、猫背の姿勢だと胸は縮みっぱなし。筋膜も癒《ゆ》着《ちゃく》しています。これをゴロ寝つまぷるでほぐし、気持ちよく伸ばしていきましょう。

1 胸の肉を縦につまんで ぷるぷる揺らす

左が下になるよう横向きに寝て、左手で右の胸を縦につまみます。そのままぷるぷる揺らしましょう。

2 つまんだまま 右腕を伸ばす

胸をつまんだまま、右手を伸ばして胸を広げます。肉が手から外れてOK。少しずつ場所を変えながら、1、2を15秒続けます。

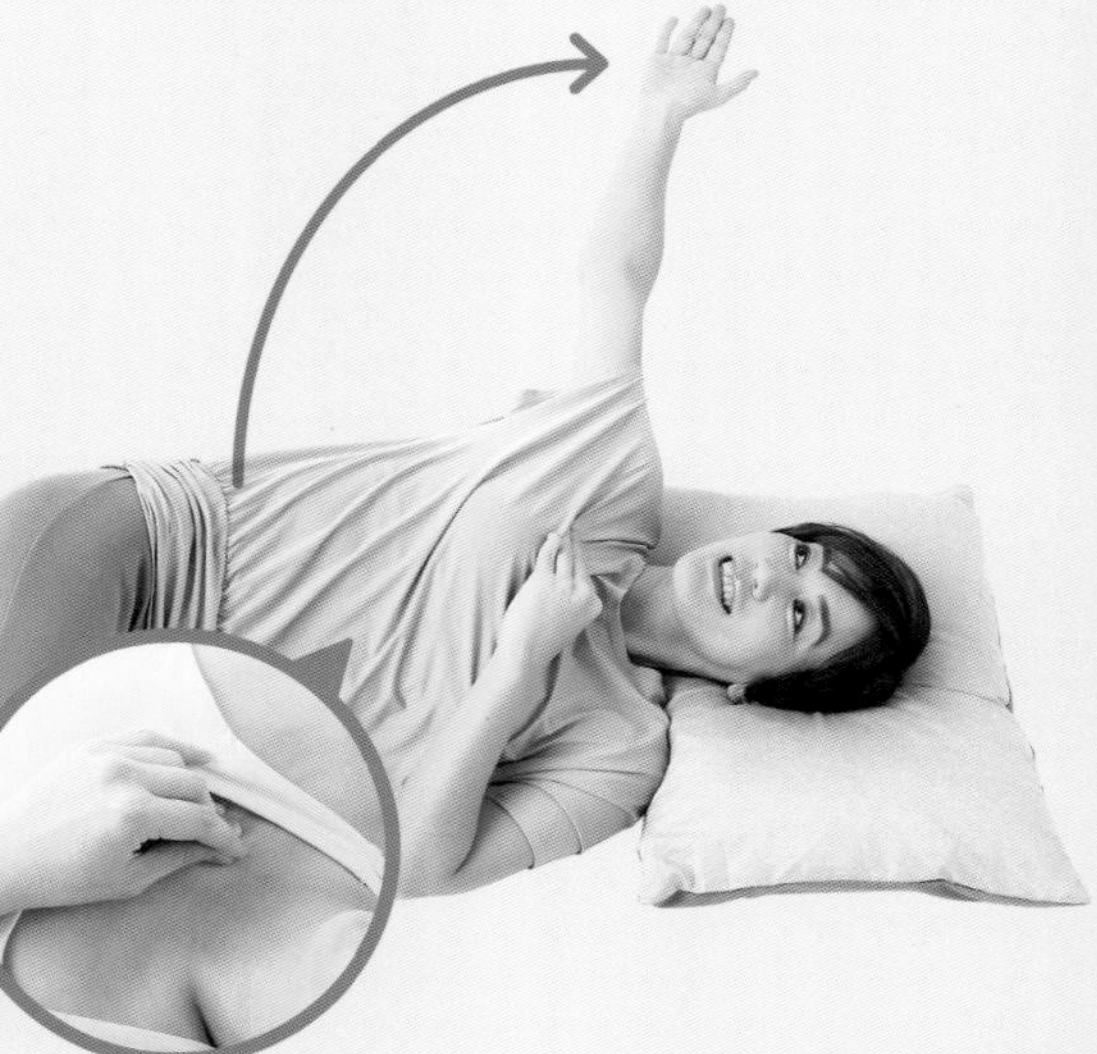

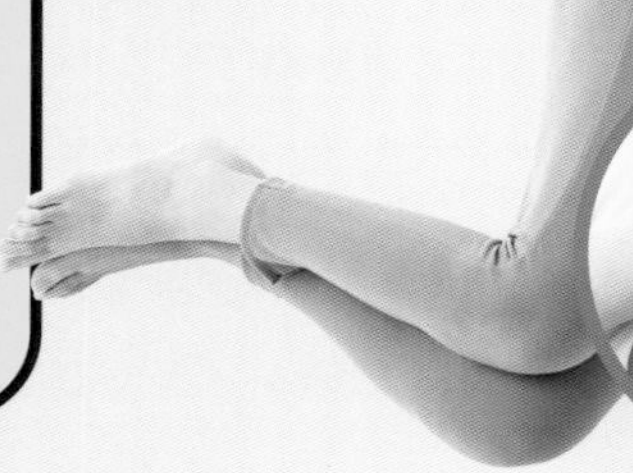

1、2をセットで15秒

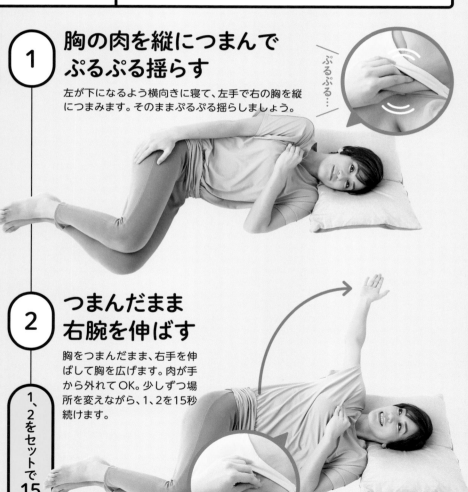

POINT!

巻き肩が直って美姿勢に。
肩こりも改善する

刺激するのは…

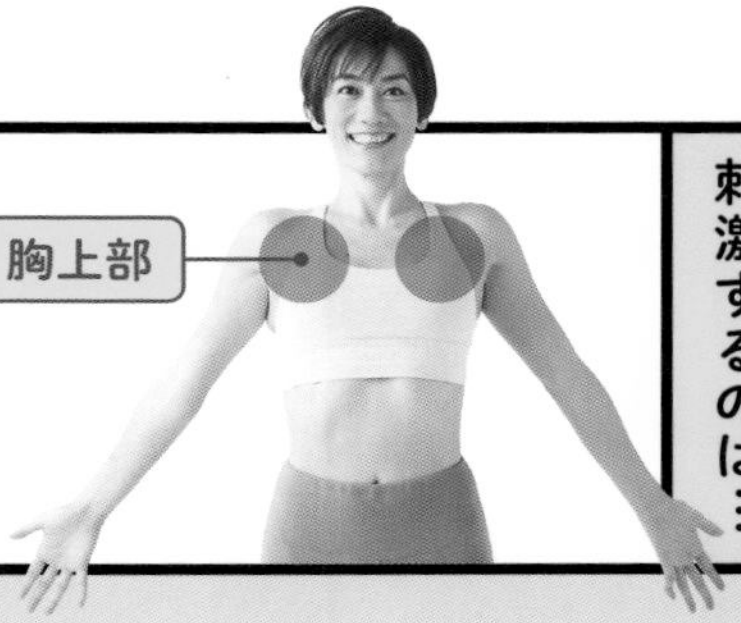

3 左手で胸をさする

15秒

右腕を伸ばしたまま、左手で外に向かって、胸をさすります。15秒続けたら左右を変えて1〜3を同様に行いましょう。

LEVEL UP!

慣れてきたら

伸ばした手をグーに。

腕の筋肉も同時に刺激できる

骨盤タイプ

後傾さん　前傾さん

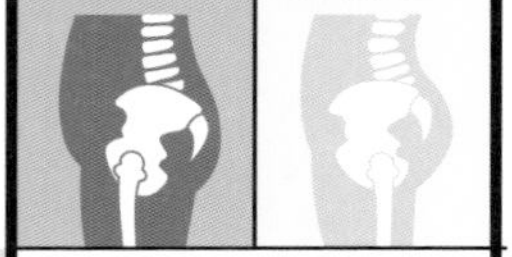

動画で確認！

猫背で固くなった みぞおちほぐし

後傾さん❷

猫背で体が丸まっているとみぞおちの筋膜が癒《ゆ》着《ちゃく》。体を伸ばしにくくなります。硬い部分を重点的に、ほぐしていきましょう。

1 30秒 みぞおちの肉をつまんでぷるぷる揺らす

肋骨の際から肉をはがすように、みぞおちの肉を集めてつまみます。そのままぷるぷる揺らしましょう。少しずつ場所を変えながら、30秒続けます。

頭を高くするとつまみやすい

みぞおちの伸びを感じて

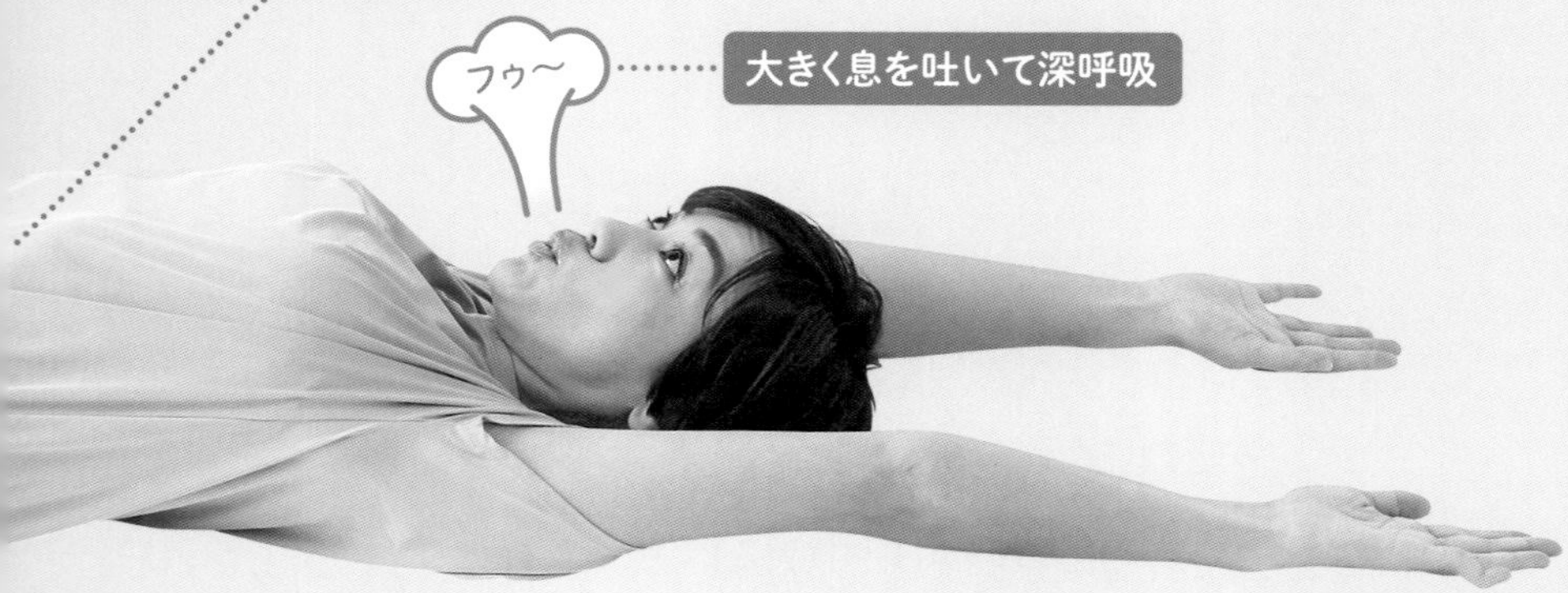
フゥ〜
大きく息を吐いて深呼吸

POINT!

みぞおちを伸ばすことで
下がった内臓を引き上げ
下腹ぽっこりを解消！

刺激するのは…

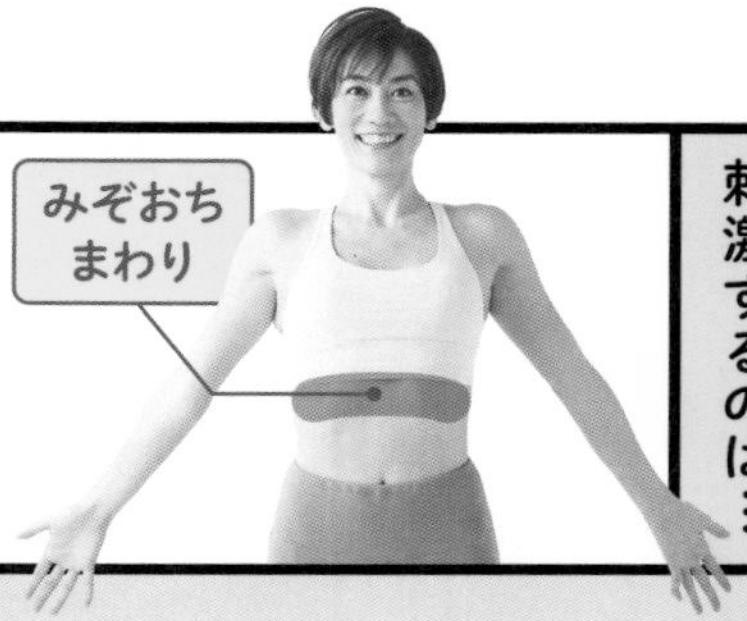
みぞおち
まわり

大きく上下に揺らす

2 30秒 両手両脚を伸ばしてキープする

枕を外してばんざいするように、両手両脚を同時に伸ばします。深呼吸しながら30秒キープしましょう。

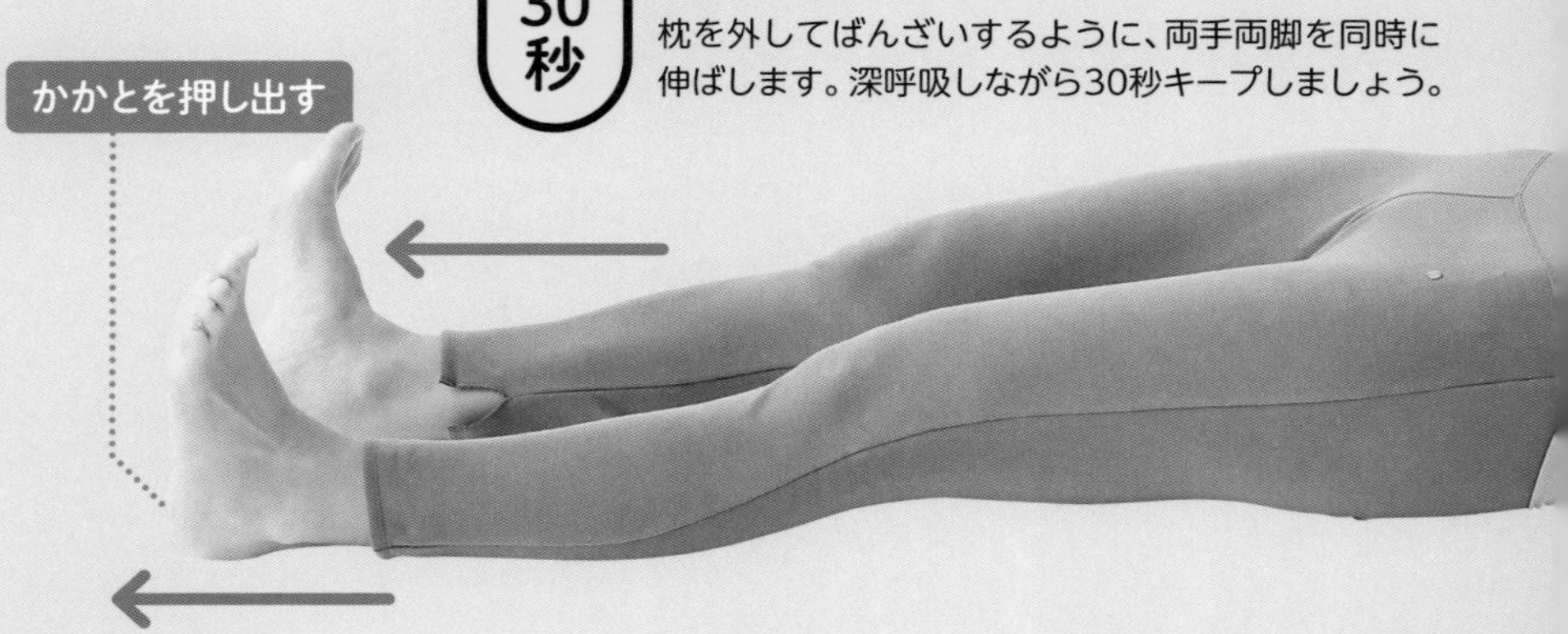
かかとを押し出す

骨盤タイプ

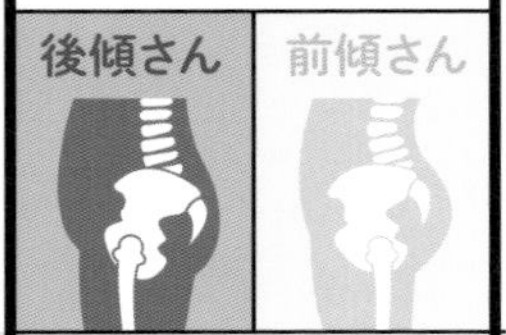

動画で確認！

猫背で引っ張られる

裏ももほぐし

後傾さん❸

骨盤が後傾し猫背でいると、脚の背面が硬化。骨盤を後ろに倒す力が働き、骨盤後傾が悪化します。裏ももをほぐして、この悪循環を断ちましょう。

1 裏ももの肉をつまんでぷるぷる揺らす

15秒

あおむけになって両ひざを立てます。左の裏ももを手で押さえながら肉をつまみ、ぷるぷる揺らしましょう。少しずつ場所を変えながら15秒。

頭を高くするとつまみやすい

POINT!

**裏ももとお尻に
力が入りやすくなり
ヒップアップ！**

刺激するのは…

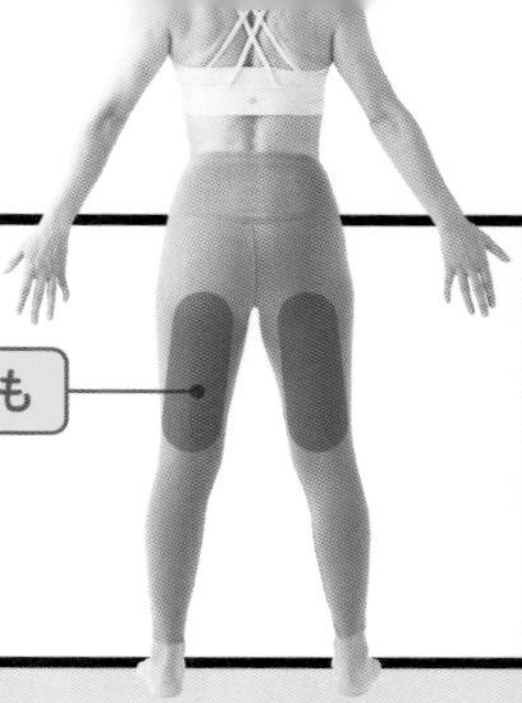
裏もも

2 ひざを伸ばして 脚を上げキープする

15秒

両手で左の裏ももをつかんだまま、ひざを伸ばします。キツければ伸ばせる範囲でOK。15秒キープしたら左右を変え、1、2を同様に行います。

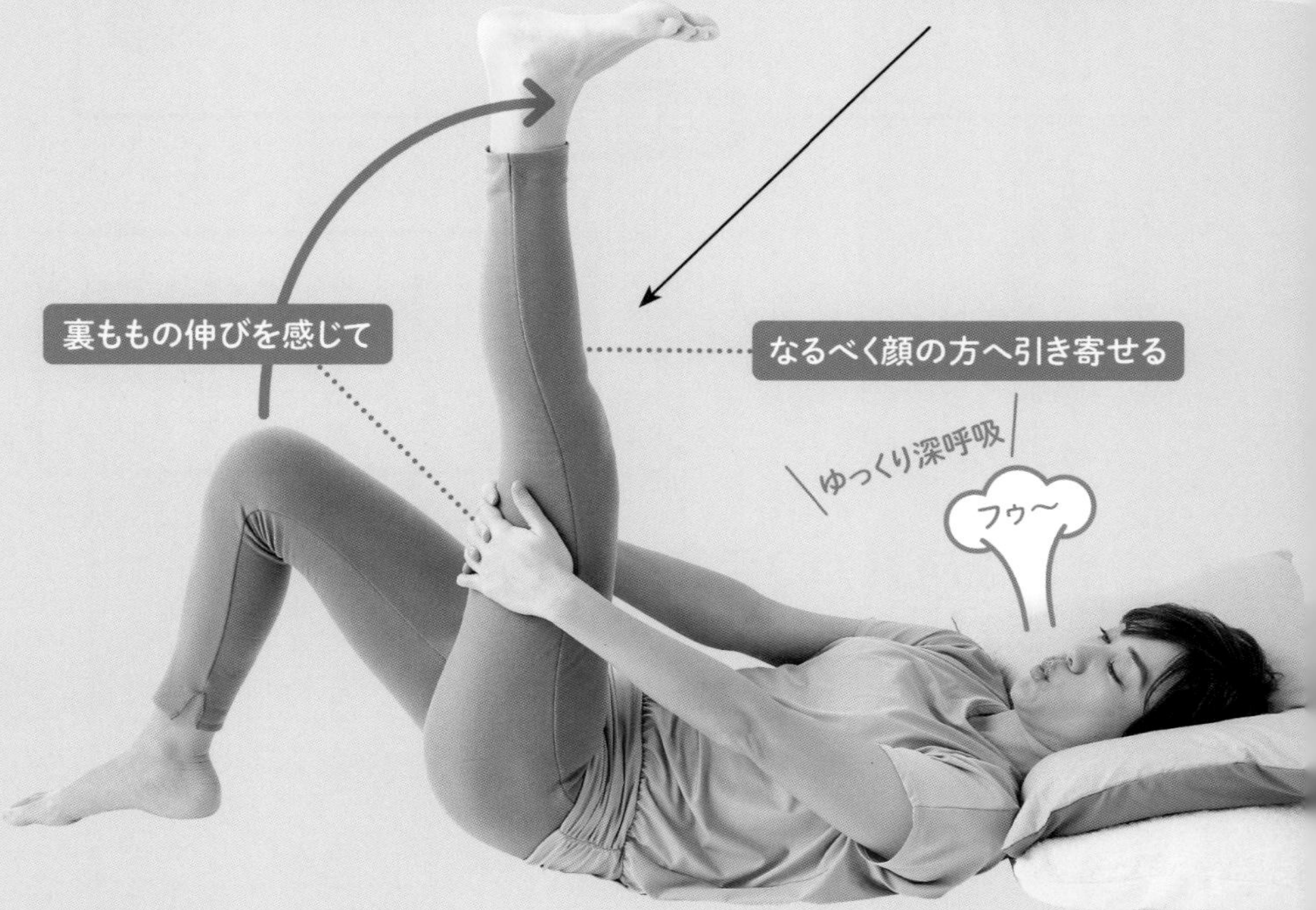
裏ももの伸びを感じて
なるべく顔の方へ引き寄せる
ゆっくり深呼吸
フゥ〜

骨盤タイプ

全員共通

スムーズに寝返りが打てる！
わき腹ゴロぷる

別バージョン

動画で確認！

毎日同じ動きでは飽きそう、という人のために、ひねって伸ばす動きの別バージョンを３パターン紹介。お気に入りを見つけてみて。

1 わき腹をつまんでぷるぷる揺らす

15秒

左右行う

バージョン 1 あおむけでひざを倒す

かかとはそろえる

ひざを立てます。両足はそろえておきましょう。

2 あおむけのまま両ひざを立てる

肩が浮かないよう注意

3 ひざを左右交互に倒す

30秒

両ひざをそろえたまま、左右交互に倒します。肩が浮かないギリギリまでしっかり倒すこと。30秒続けます。

両ひざはつけたままに

POINT!

気分に合わせて動きをチョイス。
飽き知らずで続けやすい！

刺激するのは…

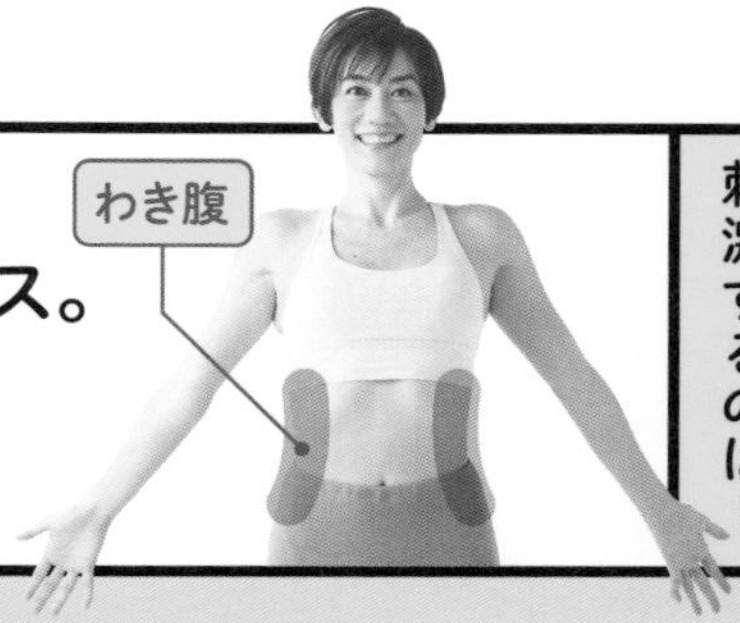

1 15秒 わき腹をつまんでぷるぷる揺らす

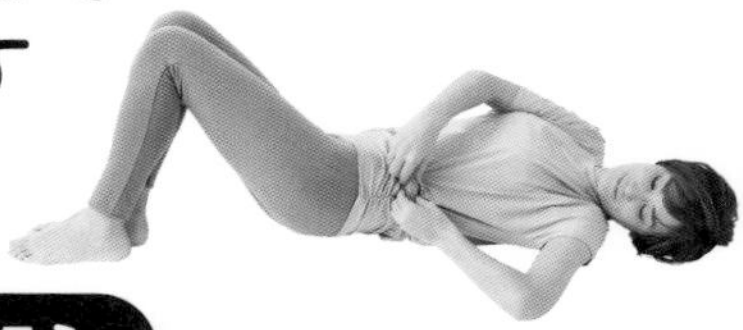

左右行う

2 うつぶせになりひざを曲げる

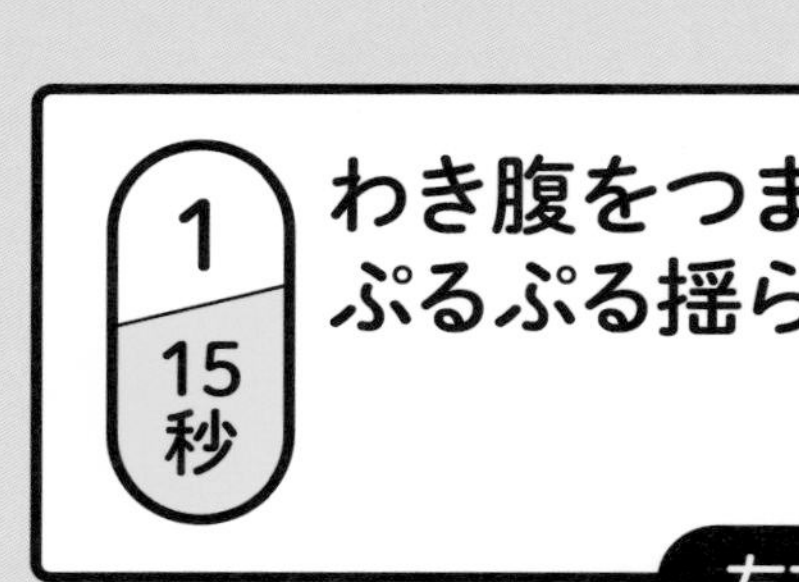

うつぶせになり両手を重ねておでこの下に。ひざは曲げます。

バージョン 2

左右に足をブラブラさせる

3 30秒 足を左右交互に倒す

両足を同時に、右に左にと倒します。おなかがひねられるのを感じながら30秒続けます。

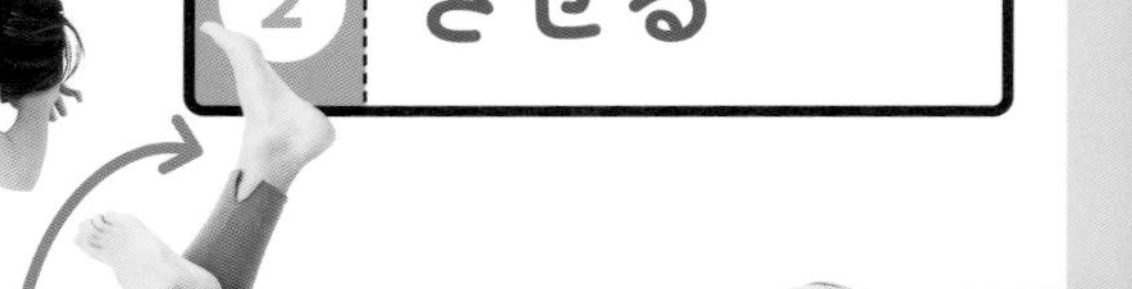

コレもおすすめ！

スーッと熟睡できる
寝落ちストレッチ

全身リラックスできる＆ペタ腹効果も高いストレッチを紹介します。
途中で眠くなったらそのまま寝ちゃってOK。
ぐっすり眠って翌朝元気に目覚めましょう！

血行が促進して足先ぽかぽか

ふくらはぎスリスリ

1分

左ひざを立てて、左ひざの上に右足のふくらはぎをのせます。右足を動かして、ふくらはぎをスリスリ刺激。外側、内側などまんべんなく1分行ったら左右を変えて同様に。

スリスリ…
痛みが強い場所は、スリスリをストップして足首をグルグル。この刺激でほぐれやすくなります。

股関節の詰まりが流れる

足首ワイパー

1分

左右の足を肩幅に開き、かかとを押し出して足首を立てます。そのままつま先を外に、内にとブラブラ揺らしましょう。股関節から開閉していることを感じながら1分続けます。

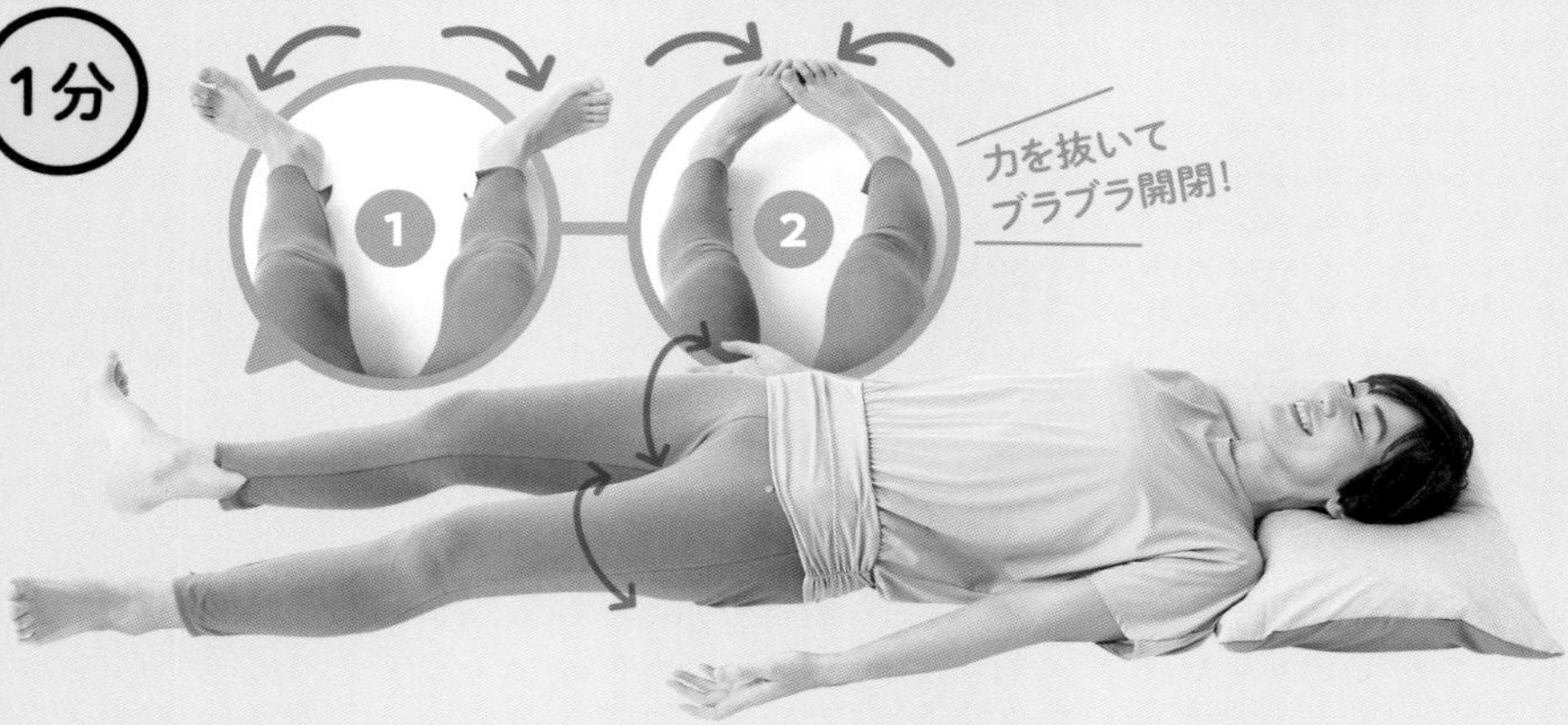
1
2
力を抜いて
ブラブラ開閉！

股関節のゆがみが解消

股関節パカ&グルグル

1分

右脚を伸ばし左ひざを立てます。そのまま左脚を外に倒して伸ばし、伸ばしきったら足先を内側に倒しましょう。内またのままひざを立ててきてスタート姿勢に戻ります。1分続けたら左右を変えて同様に行います。

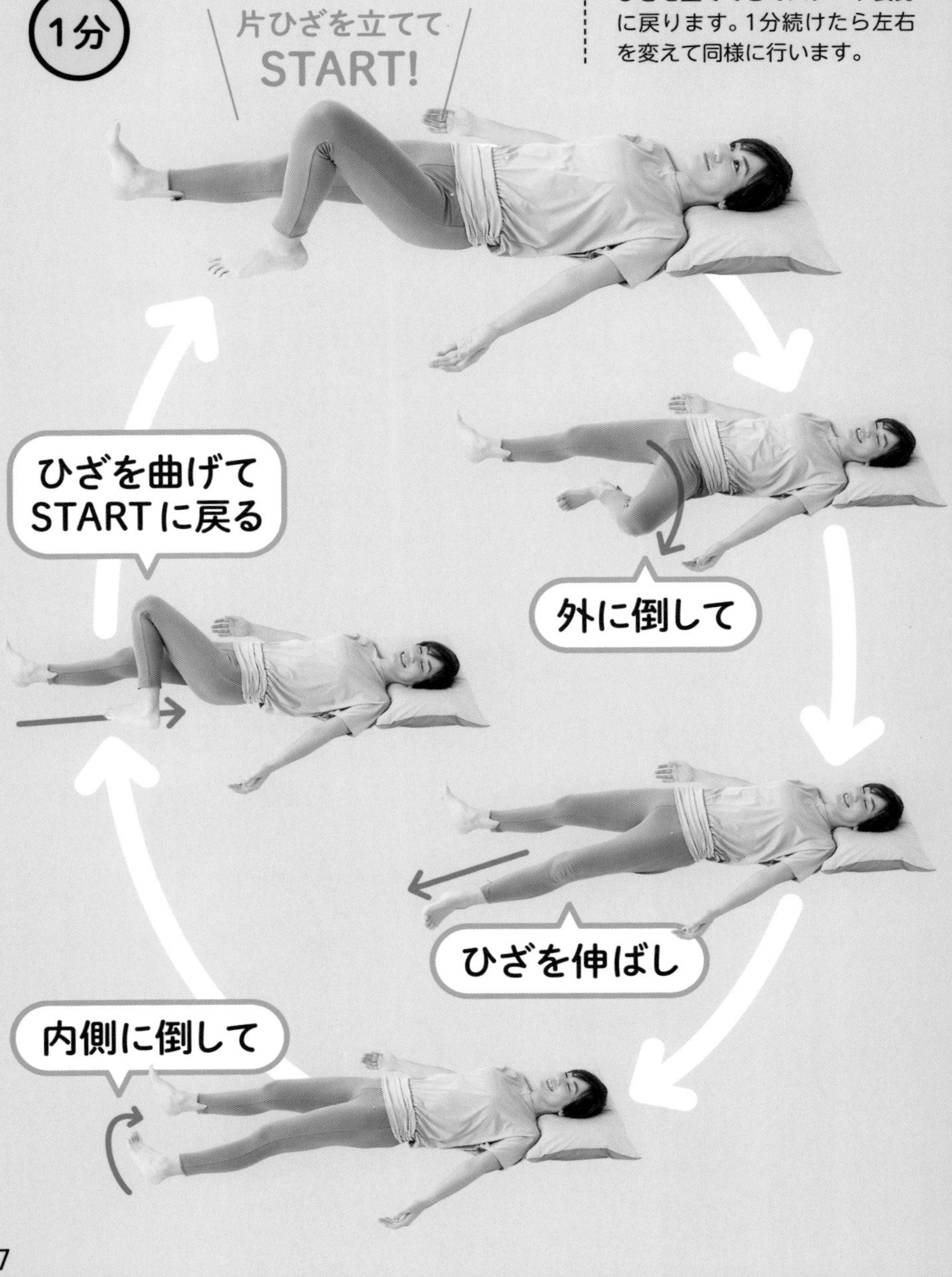
片ひざを立てて
START!
外に倒して
ひざを伸ばし
内側に倒して
ひざを曲げて
STARTに戻る

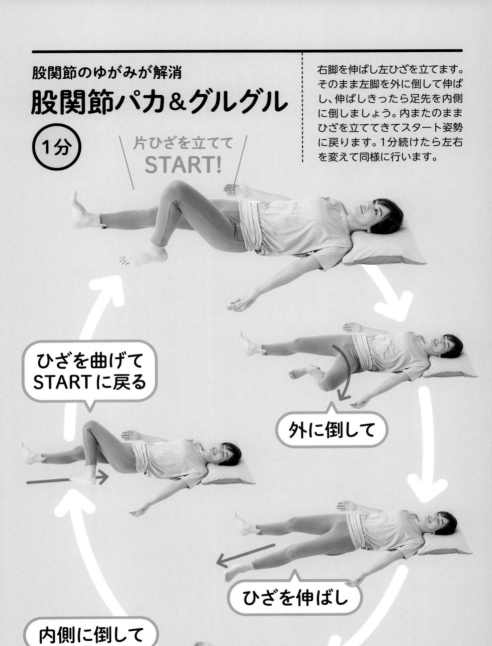

頭や耳のこりが
ほぐれてゆるむ〜

頭ほぐし4種

側頭筋つまみ

30秒

指先で側頭筋の頭皮をつまんでは離します。つまめなければ、軽くもむだけでもOK。位置を変えながら左右同時に30秒行います。

側頭筋ほぐし

30秒

両手のひらを側頭部に当て、軽く圧をかけながら、頭皮ごとグルグル回します。前回り、後ろ回りを15秒ずつ行いましょう

ゴロ寝で
OK!

耳ぎょうざ

30秒

耳を後ろから前に押しながら倒します。パタンと倒れたら再び後ろから前へ。これを両耳同時に30秒行いましょう。

耳つまみ

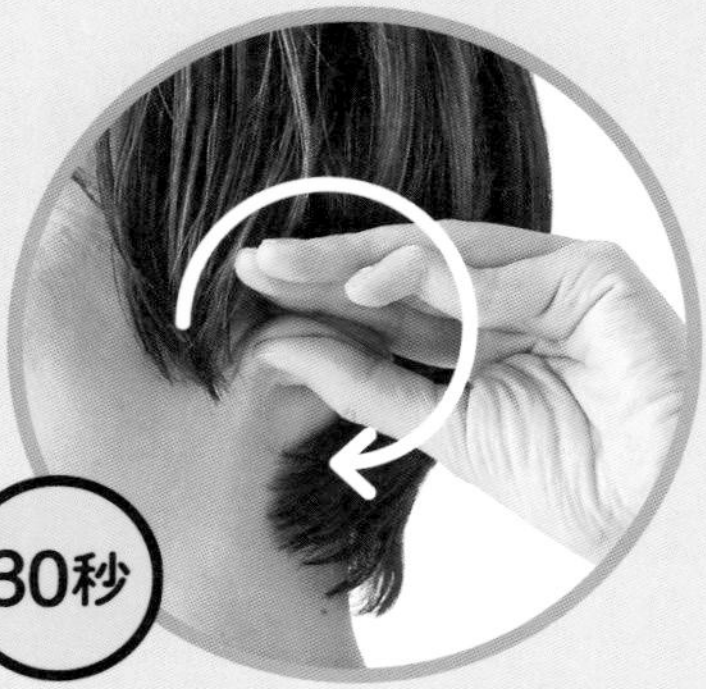

30秒

耳を上下から指ではさんで、半分折りに。やさしくつまんだまま後ろに回しましょう。両耳同時に行い30秒続けます。

お尻の大きな筋肉がゆるむ

お尻伸ばし

両手で立てた右ひざをつかみます。そのまま、息を吐きながら胸に引き寄せましょう。お尻の伸びを感じながら30秒キープしたら、左右の足を変えて同様に行います。

立てた右ひざに
左足をのせてSTART!

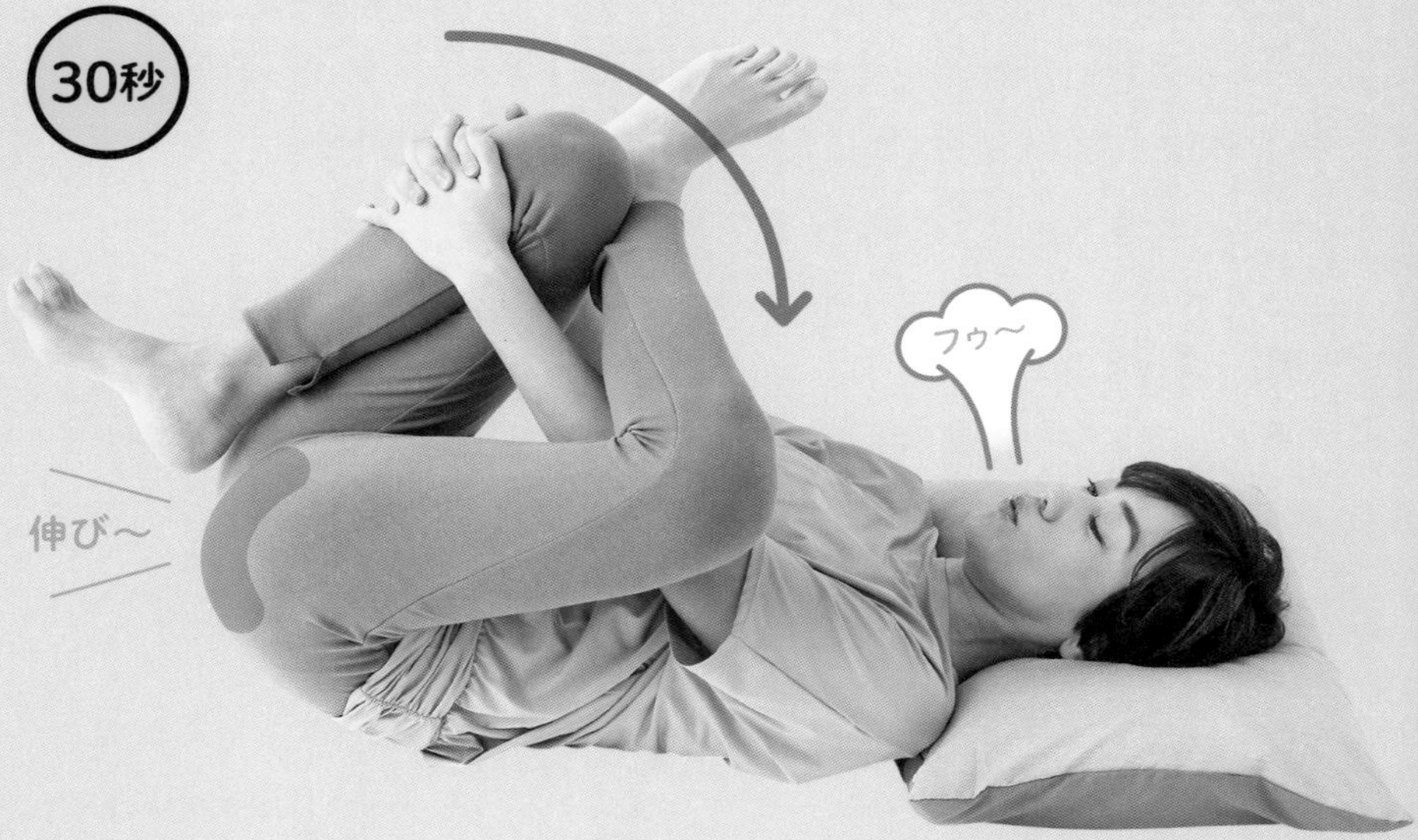
30秒
フゥ〜
伸び〜

そのまま眠りの世界へGO

熟睡呼吸

息を吸ってお腹をふくらませます。そのまま息を止めて5秒キープ。続けてゆっくりと口から吐きましょう。目を閉じてリラックスしながら続け、眠りにつきましょう。

おやすみなさ〜い
寝つくまで
フゥ〜

column 02

over40歳のダイエットは、自分をほめて好きなことをする！

ダイエットトレーナーを長くやってきて感じたことですが、みなさんとてもストイックです。「ダイエットするぞ」って決めるとすごくがんばってしまう。がんばりすぎて3日目でイヤになったとき、「無理、できない」って自分にダメ出しして諦めちゃうんですね。

ストイックにダイエットを続けられる人なんていません。サボったりリバウンドするのが当たり前。サボった自分を責めるのではなく、仕事やおうちのことでがんばっている中、ちょっとでもストレッチできた自分は偉いって、ほめながら続けていきましょう。そして、好きなことをする。ダイエットの最大の敵はストレスです。よく「食べるぐらいしか楽しみがない」っておっしゃる方がいるんですが、仕事や人間関係でイライラしたとき、食べることでしかストレス解消できないのは問題です。旅行やカラオケ、ダンスでも山登りでも、やってみたいことにぜひ1歩踏み出してください。イライラからのドカ食いという太るループを断ち切りましょう！

できない日が
あってもOK!

第3章

実はやせる秘密が
盛りだくさん!

ゴロ寝
つまぷるの
すごさを解説

ゴロ寝つまぷるでやせるわけ①

人は寝返りすることで無意識にゆがみを正している

正しい寝返りを打てればおなかは自然とヘコむ

骨盤が前後に倒れていたり、高さに左右差があったりなど体がゆがんでいると、やせにくく、どこかに痛みが出やすくなります。体がゆがむのは、利き手ばかり使ったり、パソコン作業などで長時間同じ姿勢でいたりすることなど原因はいろいろですが、これらの動作を避けて日常生活を送ることはできません。

そこで役に立つのが寝返りです。昼間ついてしまった体の悪いクセを、寝返りを打つことで矯正。私たちは、寝ている間、無意識のうちにセルフ整体をしているわけです。ところが、ゆがみがひど

体をひねる正しい寝返りを打てれば、体のゆがみが矯正される。朝起きたとき、肩や腰が痛かったり、疲れが残っているなら、うまく寝返りを打てていない可能性大。

くなってくると、睡眠中のセルフ整体すらできなくなり、体はゆがみっぱなしの状態に。真っすぐあおむけに寝ると、腰や背中に違和感を覚えるため、背中を丸めたり、下半身だけねじったり、ゆがんだ骨格に合う姿勢で寝るようになります。こうなると寝返りの矯正効果は皆無。むしろ反り腰のまま寝返りを打つなど、寝返りを打つことでゆがみが固着していくのです。

この悪循環を断ってくれるのが「ゴロ寝つまぷる」。寝る前に硬くなったわき腹をゴロ寝つまぷるでほぐし、骨盤の前傾・後傾グセを直すことで、体をひねる「正しい寝返り」が復活！　毎晩寝るたびに、ゆがみがみるみる矯正されて、美姿勢になっていきます。

寝ている間は体をひねることでおなかが刺激され、また、起きている間は正しい姿勢を保ちやすくなり腹筋に力が入るため、ペタ腹がかなうのです。

ゴロ寝
つまぷるで
やせるわけ②

いい寝返りによって体のすみずみまで血液&リンパ液がめぐる

就寝中も筋肉が動き ポンプ機能が働く

寝返りのメリットは、体のゆがみを正す整体効果だけではありません。血流やリンパの流れといった、「体液のめぐり」という面でも、大事な役割を果たしています。

　血液を流すポンプ役は心臓で、心臓から遠い足先は血液を戻す力が弱め。それを助けるのが筋肉です。また、老廃物を回収するリンパには心臓のようなポンプ役がなく、周囲の筋肉が収縮・弛緩するポンプ作用によって流れが促されています。

　起きているときは、たとえ運動をしていなくても、立つ、歩くなどの動きで筋肉を使いますが、寝て

昼間長時間同じ姿勢でいると、体がその状態を形状記憶。夜も同じ姿勢をとり続け、曲げている関節付近で血液やリンパ液が滞ってしまう。ゴロ寝つまぷるでいい寝返りをすれば、スムーズにめぐる。

いる間は運動量が激減。血流やリンパの流れが悪くなってしまうのです。それを解消するのが寝返りです。

そして、ここでも姿勢がポイントとなります。例えば昼間座りっぱなしでパソコン作業が多い人は、ひざや股関節など、曲がっている部分で血液やリンパ液が滞りがち。寝ているときも昼間の姿勢と同様、体を折り曲げた姿勢でいると、昼間と同じ場所で体液が滞ったままになります。すると「顔がむくんでパンパン」「足先が冷たい」といったプチ不調が改善されないまま、朝を迎えてしまうのです。

ゴロ寝つまぷるでわき腹をほぐし、おなかをひねるいい寝返りを打てるようになれば、寝ている間に滞りが解消され体のすみずみまで新鮮な血液が行きわたり、疲労物質などの老廃物を回収。体も頭も、スッキリと、目覚めることができます。

ゴロ寝つまぷるでやせるわけ③

筋肉がほぐれて背中がベッドにペタリ。究極のリラックス状態で深く眠れる

ゆがみが取れてベッドとの接地面積が広がる

骨盤が前傾していると反り腰になり、腰とベッドのすき間が生じやすくなります。一方、骨盤後傾で猫背気味の人は巻き肩のため、肩先を浮かせたまま寝ています。いずれも、**背中全体がベッドについていないため、背中の筋肉が緊張。寝ている間も、実は体の力が抜けていません。**寝る前にゴロ寝つまぷるをすると、骨盤前傾さんは腰が、骨盤後傾さんは肩の後ろが、それぞれベッドにつきやすくなり、ベッドとの接地面積が拡大。筋肉がリラックスすることで、眠りが深くなります。

骨盤前傾さん

反り腰のため、あおむけになると腰が浮きやすい。無意識のうちにそれをイヤがり、横向きになる傾向も。ゴロ寝つまぷるで骨盤をニュートラルに戻すと、すき間が埋まりやすくなる。

BEFORE

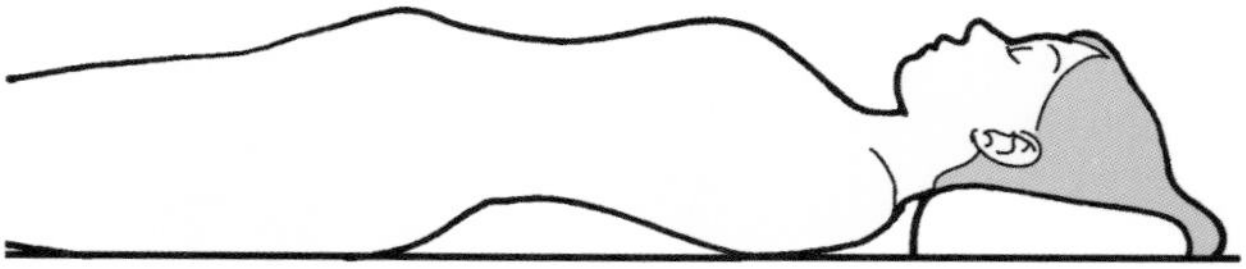

AFTER

骨盤後傾さん

猫背、巻き肩がクセになっていると、寝ているときも肩が浮き上がってしまう。その分、背中の中心部に負荷がかかり、筋肉が緊張。ゴロ寝つまぷるで胸の緊張をほぐすと、背中全体がペタリとつくように。

BEFORE

AFTER

ゴロ寝つまぷるでやせるわけ④

熟睡できることでやせホルモンの分泌量が増える

ぐっすり眠るとやせホルモンが睡眠不足だと太るホルモンが増える

ゴロ寝つまぷるには、スッと寝つける、睡眠が深くなるというメリットが。「熟睡」はダイエットにとって、頼もしい味方です。というのも、**眠りが深くなるとダイエットに役立つホルモンの分泌量が増えるから!**

その代表選手が「成長ホルモン」です。成長ホルモンは、成長期が終わった大人でも分泌されていて、ダメージを受けた細胞を再生したり、脂肪を分解したりする役割があります。**成長ホルモンの分泌量が増えるのは、深い眠りについたとき。**

睡眠不足だと
分泌量が増える
太るホルモン

グレリン

胃から分泌されるホルモン。脳の視床下部にある食欲中枢に働きかけ、食欲を増進させる。脳が食べたがるのを、理性で抑えるのは大きなストレス！しっかり寝て分泌量を減らしたい。

グレリンは
ダイエットの
大敵です！

眠ると
分泌量が増える
やせホルモン

成長ホルモン

「やせホルモン」や「若返りホルモン」と呼ばれる、美容の味方。眠りについて最初に訪れる深い睡眠のタイミングで、たくさん分泌される。分泌量を増やすには深く眠ることが大事！

レプチン

ギリシャ語で「やせる」を意味する、食欲をコントロールする働きがあるホルモン。睡眠時間が短いと、血中のレプチン濃度が低くなり、食欲を増進するグレリンが増える傾向がある。

眠りが浅かったり、睡眠時間が短かったりすると、脂肪が分解されにくくなってしまうのです。成長ホルモンには肌のターンオーバーを促す働きもあるので、分泌量が増えればお肌もツヤツヤに！

もう一つ、寝ている間に分泌される「レプチン」もダイエットにうれしいホルモン。レプチンには、食欲を抑制する働きがあるからです。逆に睡眠不足が続くと、食欲を増進させる「グレリン」というホルモンの分泌量が増えてしまいます。眠れないのは、体にとって異常事態。「栄養をとらなきゃ」という本能が働き、食欲が止まらなくなるのです。

40歳を過ぎると、眠りを促すメラトニンというホルモンが減って、睡眠時間が短く、睡眠が浅くなっていく傾向があります。ゴロ寝つまぶるをすると筋膜と筋肉がほぐれて熟睡しやすくなるのでやせ体質に！ 寝つきのよさや熟睡度を高めるために、「寝落ちストレッチ」も紹介しています（P.56〜）。

ゴロ寝つまぷるでやせるわけ⑤

昼間もいい姿勢を保ちやすく活動量が増える

熟睡できるから昼間は元気に動ける

ゴロ寝つまぷるには整体効果があり、寝ている間にゆがみが取れます。この整体効果、目が覚めたら消えるわけではありません。**ゴロ寝つまぷるをしていい寝返りを打てれば、翌朝もゆがみを寄せつけにくい状態から一日をスタート。起きている間も、おなかがスッと伸びた姿勢を保ちやすくなるのです。**

昼間、おなかが伸びているとやせやすいのには、主に3つの理由があります。

まずは見た目の変化。おなかが伸びて肋骨と骨盤の距離が広がれば、それだけで下腹に力が入ってヘコみ、ウエストはくびれます。体脂肪が1g

抗重力筋

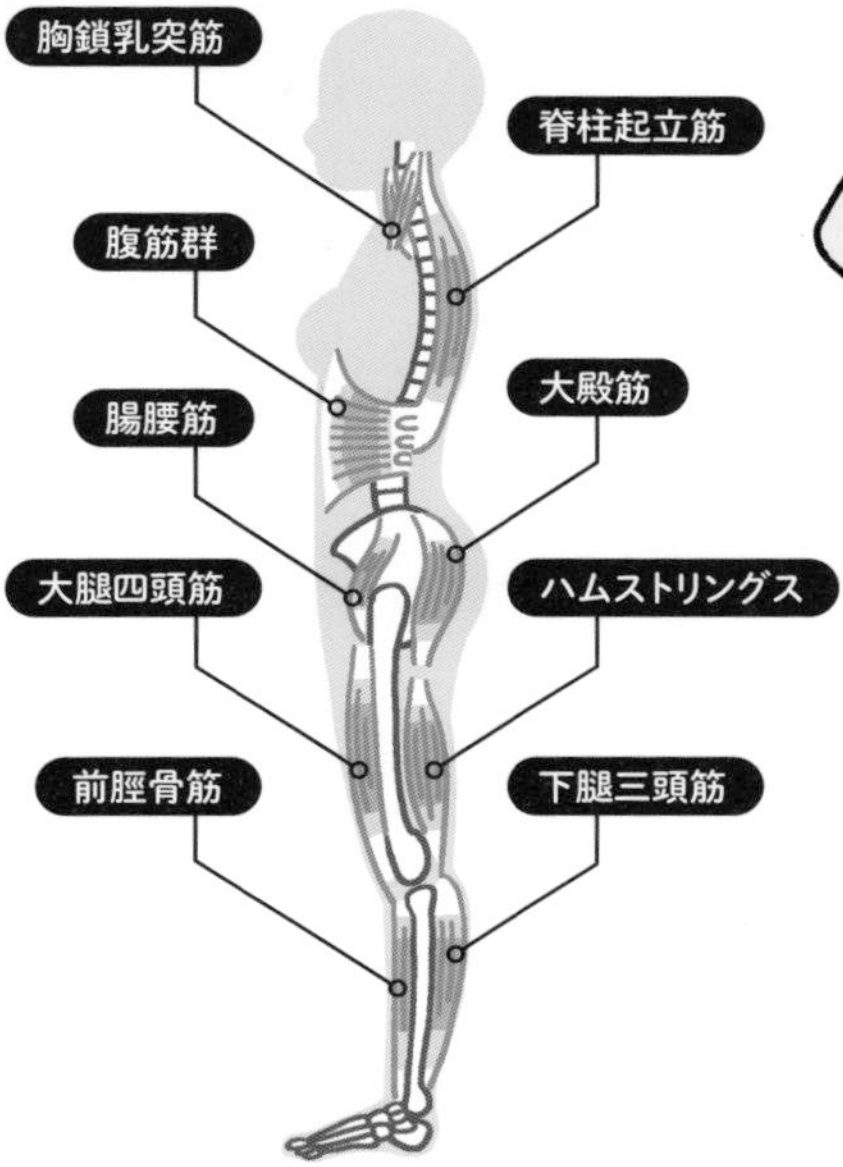
胸鎖乳突筋
脊柱起立筋
腹筋群
大殿筋
腸腰筋
大腿四頭筋
ハムストリングス
前脛骨筋
下腿三頭筋

おなかを真っすぐ伸ばしているだけで、日中のエネルギー消費量は増える。その分食べても太りにくい体質に！

も減らなくても、引き締まって見えるのです。

2つ目はおなかが伸びていることで、抗重力筋が働きやすくなるから。抗重力筋とは、その名の通り重力にあらがう筋肉のこと。私たちの体は体重と同じだけの重力を、脊柱起立筋や腹筋群、殿筋群など、体の大きな筋肉を働かせて支えています。これらの筋肉はおなかをまっすぐに伸ばすほど負荷がアップ。おなかを伸ばしていることで大きな筋肉が働き、エネルギーの消費量が増えるのです。

3つめは運動量が多くなるから。おなかが伸びていると、体をひねりやすく、大きく腕を振る、体幹から腕を伸ばすなど、自然と動きがダイナミックになります。

昼間はおなかを伸ばしたいい姿勢でしっかり動く、夜はゆがみを正しながらぐっすり熟睡する。ゴロ寝つまぷるで、この「やせるサイクル」をつくれるのです。

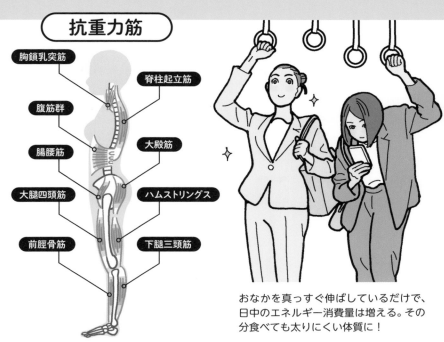

ゴロ寝つまぷるでやせるわけ⑥

自律神経が整って食欲を正常にコントロール。ムダ食いがなくなる

姿勢を正すことで自律神経も整いやすくなる

ゴロ寝つまぷるには、自律神経を整える働きもあります。自律神経とは、私たちの意思とは無関係に、体をコントロールしている末梢神経。緊張すると心臓がドキドキしたり、暑いと汗をかいて体温を下げたりするのも、自律神経の働きによるものです。そして、ダイエットにも密接に関係しています。自律神経には、体を活発に働かせる交感神経と、体を休息モードに導く副交感神経があります。**交感神経の近くには「おなかがいっぱい」と感じる満腹中枢が、副交感神経の近くには「もっと食べたい」と感じる摂食中枢があり、交感神経と副交**

食欲コントロールのイメージ図

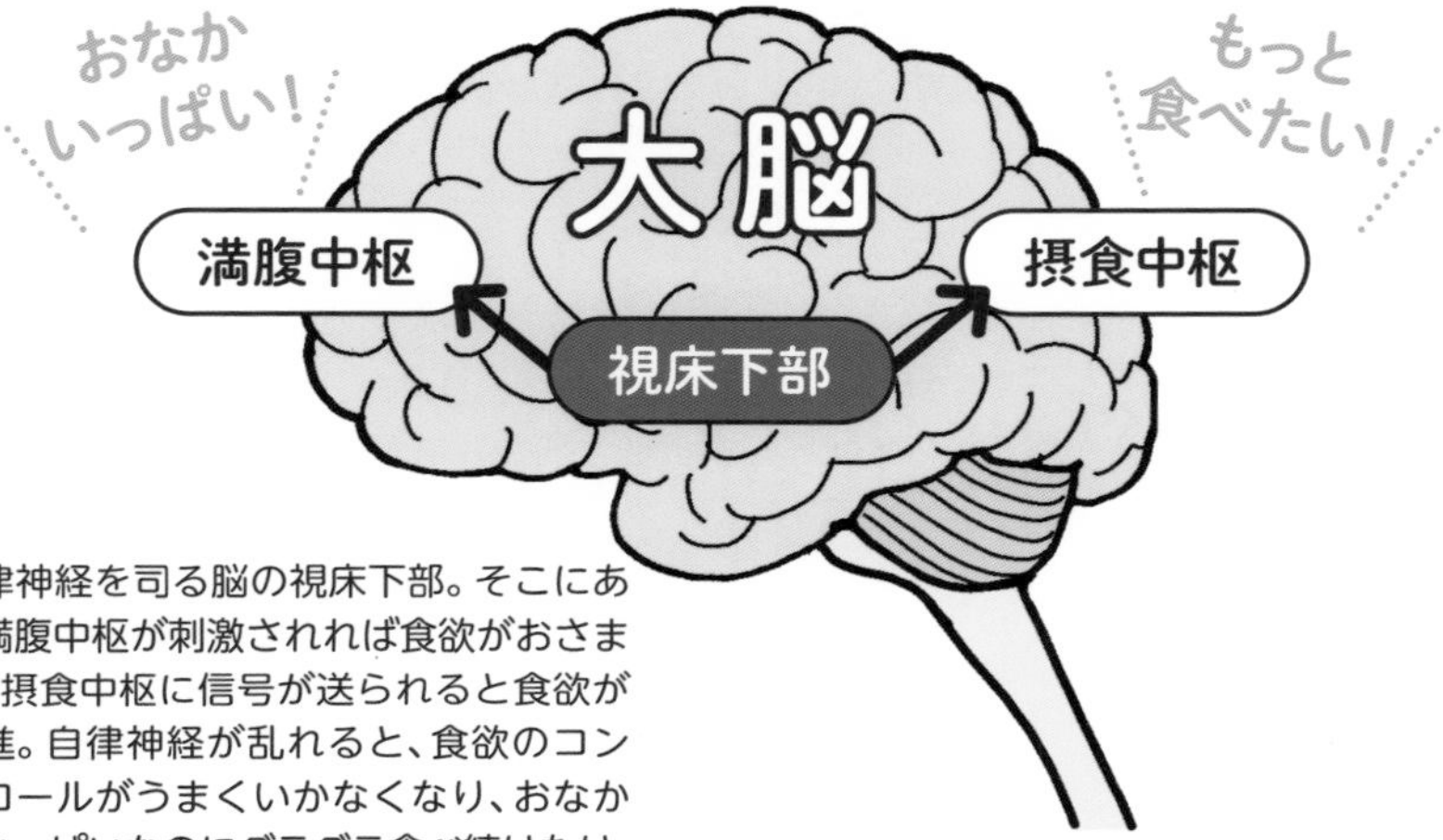
おなか
いっぱい！
もっと
食べたい！
大脳
満腹中枢
摂食中枢
視床下部

自律神経を司る脳の視床下部。そこにある満腹中枢が刺激されれば食欲がおさまり、摂食中枢に信号が送られると食欲が増進。自律神経が乱れると、食欲のコントロールがうまくいかなくなり、おなかがいっぱいなのにダラダラ食べ続けたり、ドカ食いに走ってしまうことも。

感神経のバランスで、食欲が調整されているのです。

自律神経のバランスが乱れたり、自律神経の働きが低下すると、食欲のコントロールが乱れてきます。まったく食欲がわかずに栄養不足に陥ったり、どれだけ食べても満腹だと感じられずに食べ続けたりしてしまうのです。

自律神経は背骨に沿って走っているため、姿勢の悪さが自律神経の乱れを引き起こす原因の一つ。ゴロ寝つまぶるでわき腹の硬さや骨盤のゆがみを正せば、背骨は本来のS字カーブを取り戻し自律神経が整いやすくなります。また、昼は活発に動き、夜はしっかり熟睡するという生活リズムのメリハリをつけることも、自律神経の活性化に役立ちます。

更年期になると自律神経は乱れやすくなるもの。ゴロ寝つまぶるで自律神経の働きを高めていきましょう。

とじ込み

ゴロ寝つまぷる早見ポスター活用術

ゴロ寝つまぷるのやり方がひと目で確認できる
早見ポスターがついています。ベッドの近くに貼って、活用してください！

下腹ほぐし(P.42)
1 下腹の肉をつまんで ぷるぷる揺らす
15秒
2 手を上に滑らせ 肉を引き上げる
15秒
※反対側も同様に行う
3 両手両脚を伸ばして キープする
フウ～
30秒
骨盤前傾さん
胸ほぐし(P.48)
1 胸の肉を縦につまんで ぷるぷる揺らす
2 つまんだまま 右腕を伸ばす
1、2をセットで
15秒
3 左手で 胸をさする
※反対側も同様に行う
15秒
骨盤後傾さん
ゴロ寝つまぷる
早見ポスター
BASIC MENU
わき腹ゴロぷる(P.40)
1 15秒
わき腹をつまんで ぷるぷる揺らす
2 15秒
ひざを倒しながら 手を上に滑らせる
3
左足を体の右側へ倒す
4 30秒
左腕を伸ばしてキープする
※反対側も同様に行う
本体から切り離してお使いくださ

基本のわき腹ゴロぷる、骨盤前傾さん用3メニュー、骨盤後傾さん用3メニューの早見表。切り取り線で切り離し、ベッド横など、寝たときに目の高さになる位置に貼りましょう。

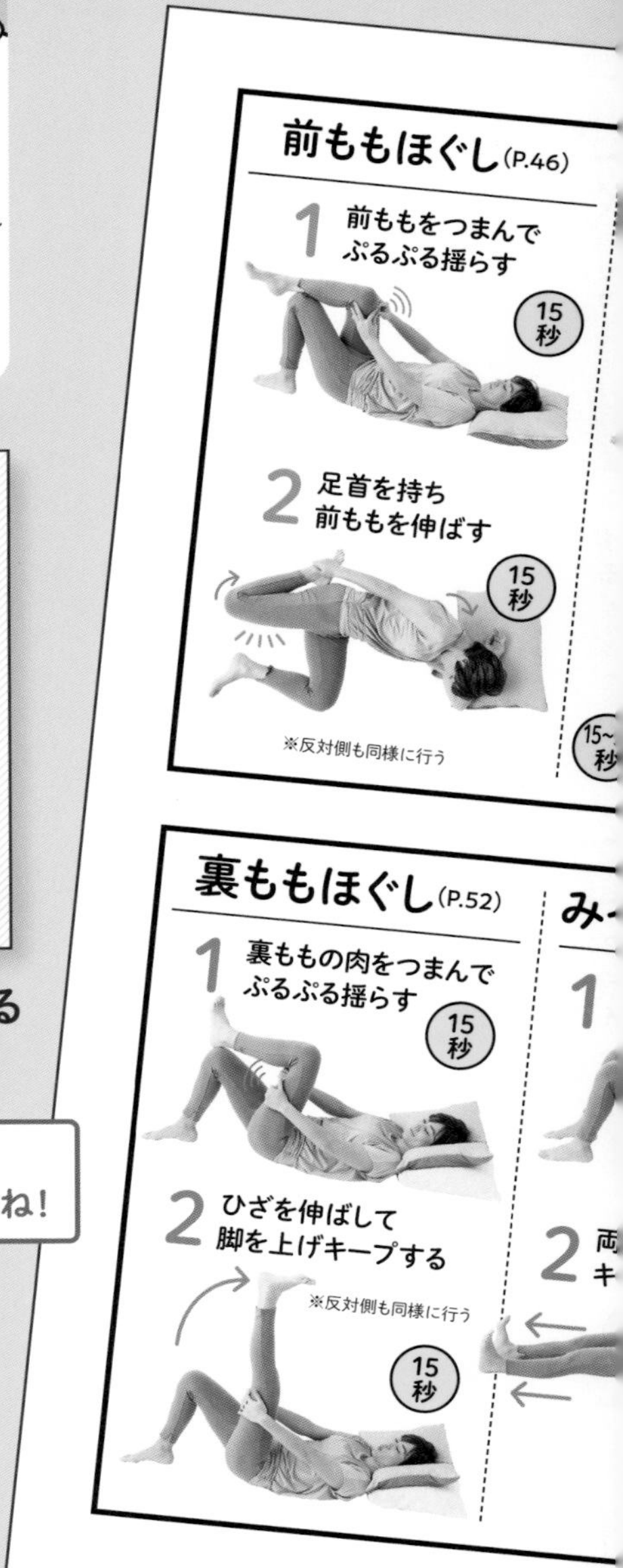

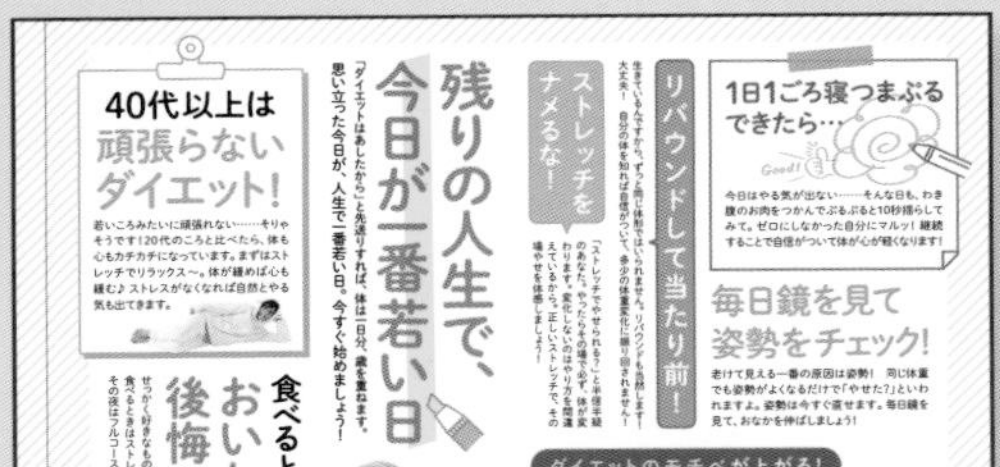

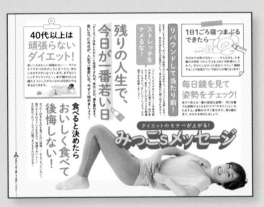

裏面はダイエットのモチベが上がるみっこ' s メッセージになっています。

ゴロ寝つまぷるQ&A

「痛くてつまめない！」「1日に何回やればいい？」など気になるあれこれにみっこがお答えします。

Q1

毎日やらなきゃダメ？

Answer

できない日があってもOKです！

週に２日だけ一生懸命やって、あとはやらないという人より、毎日１回ずつでも続けた人のほうが結果は出やすいです。とはいえ、忙しいときや疲れているときに無理する必要はなし。サボッちゃってください！　翌日からまた、復活させていきましょう〜。

ダイエットは減点式じゃなくて加点式でできた日の自分をほめよう〜！

Q2

自分の骨盤が前傾か後傾か分かりません

Answer

メニューの中から気持ちがいいと感じるものを選んでみて

前ももがパツパツなら前傾、くびれが全然ない人は後傾など、体形のお悩みからも判別できます。もし、逆の人向けのメニューをやっても、ゆがみが悪化することはないので大丈夫。試してみて「これは気持ちいい」と思えるものを取り入れてください。

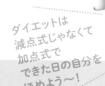

Q3

痛くてつまめません

Answer

まずはさする だけでもOKです

筋膜の引きつれが強いと、つまむだけで痛みを感じる人もいます。無理につまんでぷるぷる揺らさなくてもOK。痛い場合は手を当てて押し込み、肉をずらすように動かしましょう。伸びやすくなったと感じてきたら、つまんでぷるぷるにチャレンジを！

Q4

寝る前以外はやっちゃダメ?

Answer

1日何回 やってもOK。
入浴後もおすすめです

ゴロ寝つまぷるは、寝る前以外のタイミングでやっても構いません。通してやる必要もないので、「気になったからわき腹をつまもう」など、ちょこっと刺激するのも◎。特にお風呂上がりは体が温まっているので、つまみやすくておすすめです。

Q5

皮膚が赤くなったり指が痛くなります

Answer

強くつまみすぎて いないか確認を！

多少は赤くなりますが、すぐに元に戻るなら心配いりません。いつまでも赤かったり、指のあとが残るようなら、強くつまみすぎている可能性が。P.36を参考につまみ方を再確認してみましょう。つまむ指が痛くなる場合も同様です。

Q6

痛みを感じなくなってきました

Answer

しっかりほぐれた証拠です

筋膜が引きつれていると痛みを強く感じます。ひじから先のように、普段からよく使っている場所は、筋膜が引きつれていないので痛みを感じません。痛みが薄らいだのは、筋膜の癒《ゆ》着《ちゃく》がはがれたということ。引きつれが再発しないよう、続けていきましょう。

Q7

やってはいけないときはある？

Answer

満腹時と妊娠中、手術の後は避けましょう

食後30分以内におなかをぷるぷる揺らすと気持ち悪くなる恐れがあります。妊娠中や、おなかを手術した後も避けましょう。生理のときは、ツラくなければやっても大丈夫。血流がよくなることで、生理痛がラクになるという声も！

Q8

途中で寝てしまってもいい？

Answer

もちろん、OKです

筋肉の緊張がほぐれてリラックスすると、眠くなってきます。寝落ち＆熟睡もゴロ寝つまぷるの利点なので、眠くなったらそのままお休みください。夜中に目が覚めてしまった、予定より早く起きすぎたというときの寝直しにも、おすすめです。

うまく寝つけないな〜
という人にも
おすすめしてあげて〜

第4章

さらに

やせやすい体になれる

タオルリリース&ストレッチ

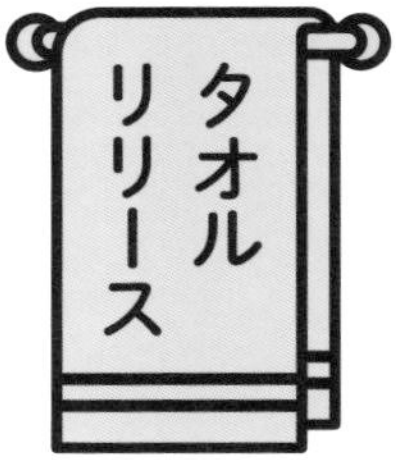

手でほぐしきれない筋膜の引きつれ。タオルを使えばラクにほぐせる

体が硬い人ほど筋膜リリースとストレッチが必要！

前屈でひざより下に手が届かなかったり、慢性的な肩こり、腰痛に悩んでいるといった人は、体のあちこちに強いゆがみや、頑固な筋膜の引きつれがある可能性が大。そんな人におすすめなのが、身近にあるタオルを使った筋膜リリース＆ストレッチ。基本のゴロ寝つまぶるに追加すると、やせスピードが一気に上がります。

タオルの利点は、結び目を当てて、脂肪の奥深くにある筋膜の引きつれを刺激できる点。つまんでぷるぷるする以上に、ラクにほぐし効果が期待できます。また、「体が硬くてストレッチのポーズをとれない」なんてお悩みもタオルでサポートすればラクラク。お風呂上がりのリラックスタイムなどに実践してみて。

用意するもの

タオル

フェイスタオルを準備。薄いタオルだと、結び目が小さすぎるので、ある程度厚みのあるものを。マフラータオルでもOK。

結び方

2回結ぶ

基本は2回結んで使用（※ P.88の背中リリースのみ1回結びを2個作る）。結び目を緩めて低くしたり、重ねて高くしたり、ほぐす場所や痛みに合わせて調整可能！

固く結んで高さを出すと
しっかりと刺激できる

平たく潰せば低刺激。
痛みの強い場所に

※タオルリリース（P.82-89）は、ベッドの上など柔らかい場所だと、沈み込んで刺激が甘くなります。床やヨガマットの上などで行いましょう。

お尻リリース

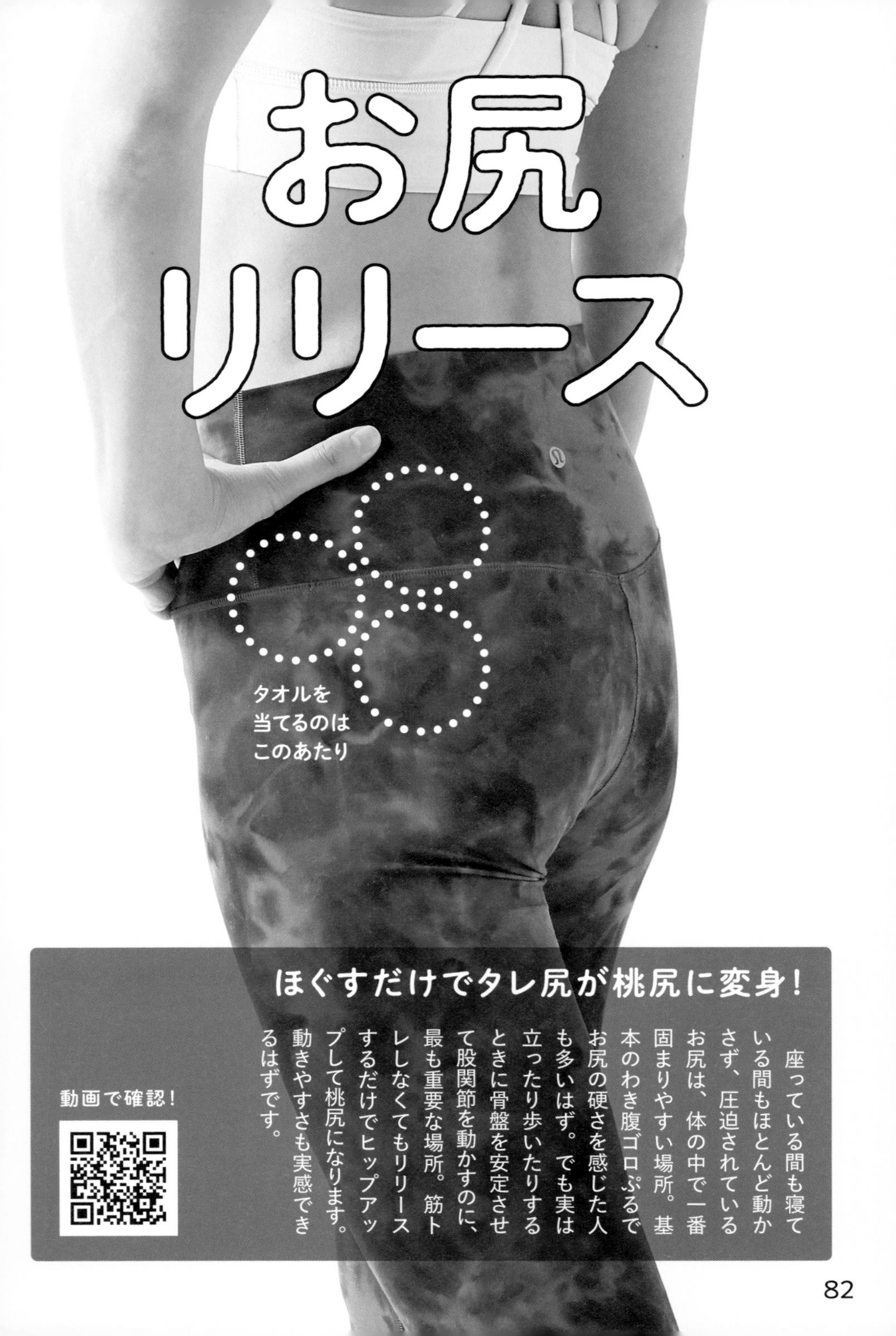

ほぐすだけでタレ尻が桃尻に変身！

座っている間も寝ている間もほとんど動かさず、圧迫されているお尻は、体の中で一番固まりやすい場所。基本のわき腹ゴロぷるでお尻の硬さを感じた人も多いはず。でも実は立ったり歩いたりするときに骨盤を安定させて股関節を動かすのに、最も重要な場所。筋トレしなくてもリリースするだけでヒップアップして桃尻になります。動きやすさも実感できるはずです。

動画で確認！

1 お尻の下にタオルを敷く

左のお尻の下にタオルを敷き、あおむけに。
両ひざはそろえて立てておきます。

2 30秒 体を揺らしてお尻を刺激する

お尻の力を抜いて、タオルの上でユラユラ揺れましょう。場所を変えながら30秒続けたら、左右を変えて同様に行います。

これでもOK!

痛ければ

片ひざは立てて負荷を減らす

外ももリリース

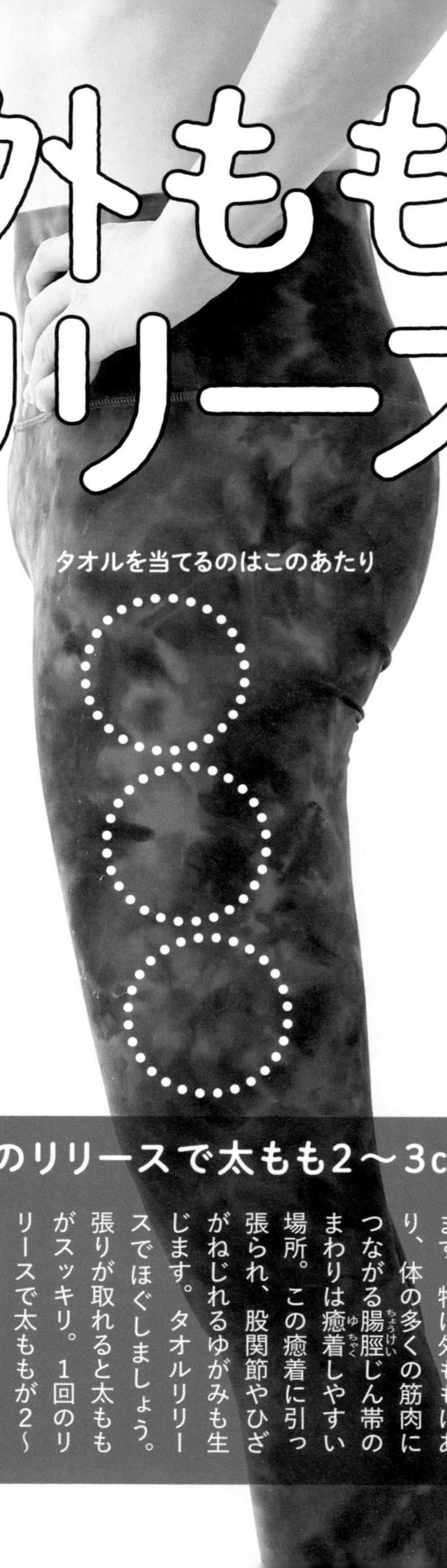

1回のリリースで太もも2～3㎝減も可能！

おなかやお尻に力を入れるのが苦手だと、内ももや裏ももが使われず、前ももや外ももばかり酷使してしまいます。特に外ももにあり、体の多くの筋肉につながる腸脛《ちょうけい》じん帯のまわりは癒着《ゆちゃく》しやすい場所。この癒着に引っ張られ、股関節やひざがねじれるゆがみも生じます。タオルリリースでほぐしましょう。張りが取れると太ももがスッキリ。1回のリリースで太ももが2～3㎝細くなった人もたくさんいます。

動画で確認！

タオルを
2回結ぶ

1 外ももの下にタオルを敷く

左が下になるよう横向きに寝ます。続いて外ももの下にタオルを敷きましょう。

2 30秒 タオルに体をのせて刺激する

お尻と脚の力を抜いて、タオルに体重を預けます。当てる場所を変えながら30秒続けたら、左右を変えて同様に行います。

ゴリゴリせず優しく

これでもOK!

OK!

痛ければ

片ひざは立てて負荷を減らす

おなかリリース

タオルを当てるのはこのあたり

カチコチおなかがふわふわ柔らかくなる

猫背だと、おなかは縮んで固まり、反り腰だと突き出て固まります。どちらもおなかの筋膜が癒《ゆ》着《ちゃく》して体を伸ばしにくくなり、おなかに脂肪がつきます。おなかは骨がなく、内臓を守るために脂肪がつきやすい場所。脂肪が分厚くなると、つまんでぷるぷる揺らすのが難しいことも。そこでタオルリリース。おなかにタオルを敷いてユラユラ刺激すると、硬いおなかがふわふわに！　脂肪が落ちやすくなります。

動画で確認！

1 うつぶせになり、おなかの下にタオルを入れる

うつぶせになります。おへそのあたりにタオルを入れたら、ひざを曲げましょう。

2 脚を左右交互に倒す

1分

両脚を同時にゆっくりと、右へ左へと交互に倒します。2〜3往復したら場所を変え、おなか全体を刺激。1分続けましょう。

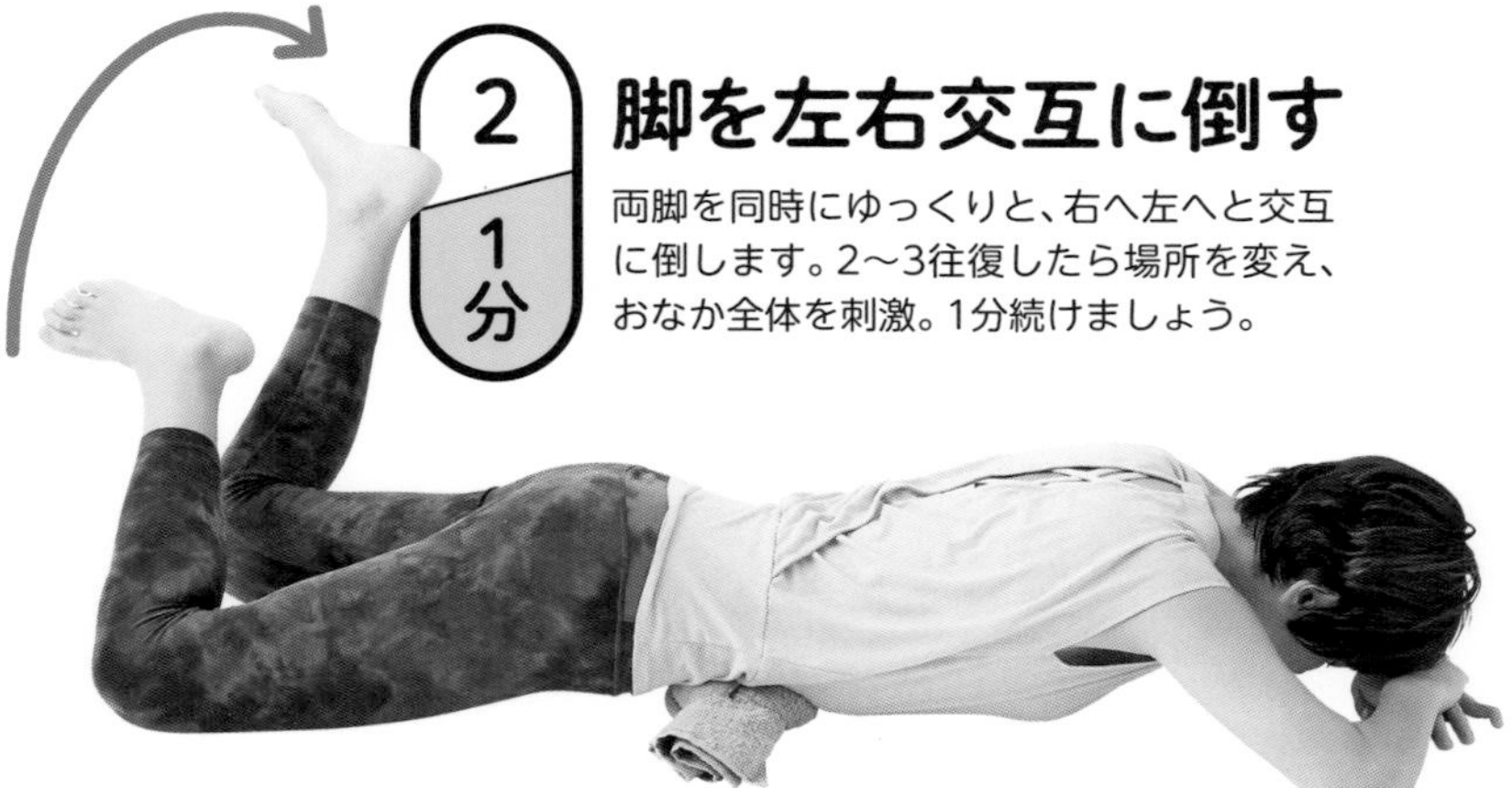

背中リリース

胴体を動かさないと背骨の可動域が狭まる

例えば前にあるものを手を伸ばしてつかむとき。子どもは背骨をねじって腕を伸ばします。ところが年をとるほど、胴体を動かさず手先だけを使うように。腕の力が強くなれば全身を連動させなくても事足りるのですが、その分背骨の可動域はどんどん狭まっていきます。背骨をねじる機会が減れば寝返りも上手に打てません。背中をリリースし、しなやかに動く背骨を取り戻しましょう。

動画で確認！

1 背中の下にタオルを入れる

背骨をはさんで結び目が当たるよう、背中の下にタオルを入れます。そのままあおむけになり両ひざを立てましょう。

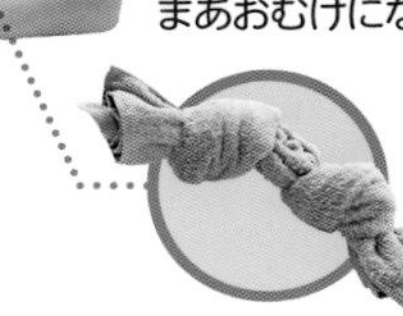

タオルは１回ずつ
２か所を結ぶ。
痛ければ無理せず
結び方をゆるくしよう

2 腕を上げ、上下に動かす

1分

「前へならえ」をするように両腕を上げます。そのまま手先をゆっくりと、上へ、下へ動かして背中を刺激。タオルを下に移動させては同様にくり返し、1分続けます。

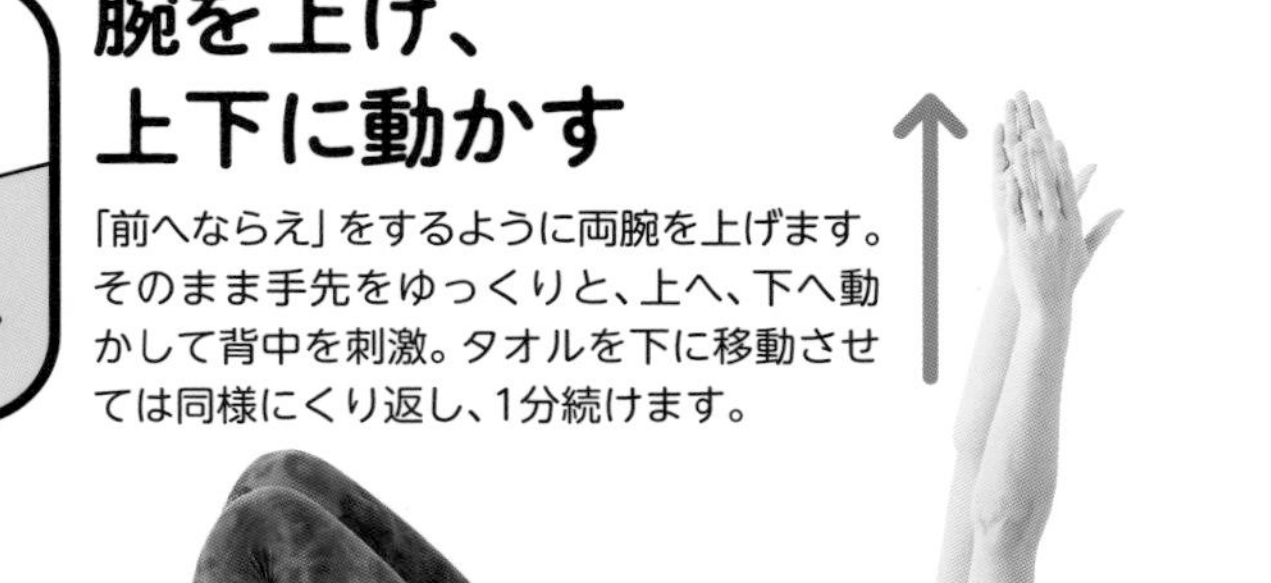

裏もも
ストレッチ

骨盤が後傾していると裏ももがカチコチに

これはP.52で紹介した、骨盤後傾さん用メニュー「裏ももほぐし」のタオルを使うバージョンです。骨盤が後傾している人は裏ももが硬く、その硬さに骨盤が後ろに引っ張られるという悪循環になっています。あまりにも裏ももが硬いと、裏ももをつかんで脚を上げるポーズがキツいことも。タオルを使うと裏ももを伸ばしやすくなるので、ツラい人はぜひ、タオルバージョンを採用してください。

動画で確認！

これでもOK!

YBODY
MIKKO
6PACK
40+UB

体が硬い人は、
マフラータオルなど
長いタオルが
やりやすい!

1 左足先にタオルを引っかける

あおむけになり、右ひざを立てます。そのまま左足先にタオルを引っかけ、タオルのはしを両手でそれぞれ持ちましょう。

2 30秒 脚を上げてひざを伸ばす

タオルを手前に引きながら、ひざを伸ばしましょう。そのまま30秒キープしたら左右を変え、反対側も同様に行います。

大きく息を吐いて深呼吸
フゥ〜
裏ももに伸びを感じて
余裕があれば右ひざは伸ばす

裏外もも
ストレッチ

超頑固な裏外ももの張りを伸ばしてほぐす

骨盤後傾さんは裏ももが硬いですが、その中でも特に外側の大腿二頭筋が硬くなりやすいという特徴があります。大腿二頭筋が硬いと骨盤が外に引っ張られて腰痛の原因になります。ひざ下もねじれるのでひざ痛につながる恐れも。

ここを伸ばすことでわき腹ゴロぷるのおなかをひねる動きがやりやすくなります。硬い人はこの部分のつまぷるも合わせて行うとよいでしょう。

動画で確認！

右脚の上まで倒す

1 左足先にタオルを引っかける

足首は手前に倒す

あおむけになり、左足先にタオルを引っかけて持ちます。そのまま左ひざを伸ばし、左脚を上げましょう。

2 30秒 左脚を右へ倒してキープする

ひざはできるだけ伸ばす
フゥ〜
大きく息を吐いて深呼吸

タオルの先端を右手で持ち、左脚を右へと倒しましょう。そのまま30秒キープしたら、左右を変えて同様に行います。

LEVEL UP!

床すれすれまで倒すと

腰まで伸びる!

左肩は浮かさない

内もも
ストレッチ

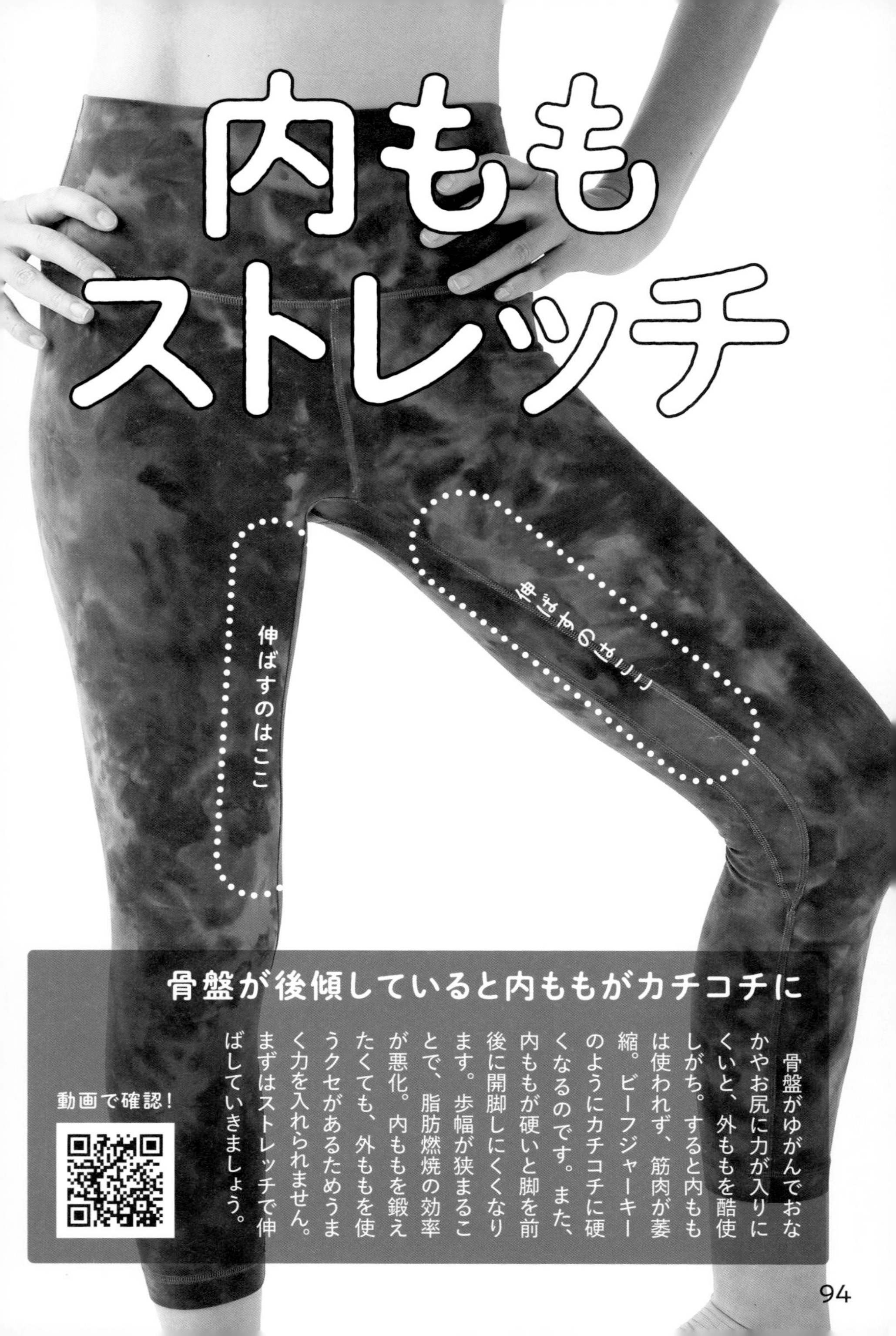

骨盤が後傾していると内ももがカチコチに

骨盤がゆがんでおなかやお尻に力が入りにくいと、外ももを酷使しがち。すると内ももは使われず、筋肉が萎縮。ビーフジャーキーのようにカチコチに硬くなるのです。また、内ももが硬いと脚を前後に開脚しにくくなります。歩幅が狭まることで、脂肪燃焼の効率が悪化。内ももを鍛えたくても、外ももを使うクセがあるためうまく力を入れられません。まずはストレッチで伸ばしていきましょう。

動画で確認！

1 左足先にタオルをかけ右脚は倒す

あおむけになり、左足先にタオルを引っかけます。右脚はひざを曲げて開脚し、右手でひざを押さえましょう。

2 左脚を開いてキープする

30秒

タオルを持ったまま、左脚をゆっくり開脚します。内ももに伸びを感じながら30秒キープしたら、左右を変え反対側も同様に行いましょう。

内ももに伸びを感じて
フゥ〜
大きく息を吐いて深呼吸

今夜からできる
快眠テク

① スマホは寝室と別の部屋に置く

寝る直前までスマホでネットニュースやSNSをチェックしたり、スマホゲームをしている人、多いと思います。でもスマホのブルーライトはとても強烈。**脳が昼間だと勘違いするため、眠くなるためのホルモン「メラトニン」が分泌されません。**また、メールに返事をしなきゃと気になってしまうなど、いつまでも脳が働き続けてしまいます。

夜中に目覚めたときに、スマホで時間を確認するのもNG。ブルーライトを浴びれば、目がさえてもう一度眠りにつくことができないからです。

予防策としては、スマホを寝室と別の場所に置いておくこと。時間は時計を枕元に置いて確認しましょう。寝る直前にやっていたことは朝に切り替えるなどして、夜はスマホを手放すことで、睡眠の質が上がります。

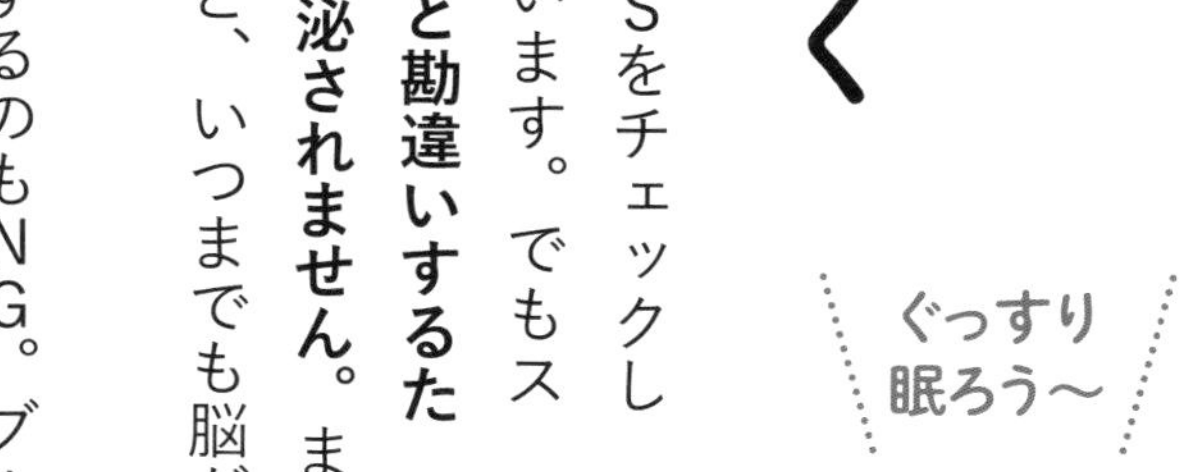

今夜からできる

快眠テク

❷ 食事はベッドに入る2時間前に済ませる

仕事に追われて夕食の時間が遅くなった、子どもが寝た後のお楽しみタイムにスイーツをパクリなど、私たちはつい遅い時間に飲み食いしがち。でも夜食は、快眠の邪魔者です。なぜなら、胃腸を動かしているのは脳だから。**胃がいつまでも動いていると、脳も体も休むことができません。寝る直前に食べると、睡眠が浅くなってしまうのです。**

どうしても夕食が遅くなる人は「分食」がおすすめ。夕方に小さめのおにぎりやプロテインなどをとっておき、寝る前はスープや雑炊など、消化のいい軽いものをおなかに入れます。寝る前のリラックスタイムに口さみしいときは、ホットミルクやカフェインレスのハーブティーがおすすめです。

夜食は、食べたエネルギーを消費できないまま眠りにつくため、脂肪に変わりやすいのも難点。夜食習慣を改め、翌朝スッキリを目指しましょう。

今夜からできる

快眠テク

③ 寝返りしやすい寝具を選ぶ

ゴロぶるでわき腹をほぐしても、マットレスに体が沈み込んでしまったり、かけ布団が重すぎたりすれば、スムーズに寝返りを打つことができません。**睡眠の質が上がれば、昼間起きているときのパフォーマンスが上がります。合わない枕やマットレスを我慢しているなら、ぜひ自分に合うものに替えたいところ。**

とはいえ、特にマットレスは、すぐに買い替えられるものではありません。マットレスで傷みやすいのは、腰が当たる部分。ここがヘコんでしまいがちです。上下を逆転させる、厚めの敷きパッドを敷く、ヘコみにバスタオルを入れるなどの応急処置で、ヘコみをカバーするのも手です。

掛け布団は、軽くて保温性の高いものがおすすめ。パジャマは体を締めつけないものを選びましょう。

今夜からできる

快眠テク

❹ 毎朝同じ時刻に起きる

寝る、起きるなどの行為は、毎日の生活リズムの一部。寝る時間がバラバラだったり、休みの日は夕方まで寝ていたりすると、日本にいながら時差ボケ状態に。なかなか寝つけなかったり、昼間、強烈な睡魔に襲われたりします。スッと眠りについてパッと目覚めるには、リズムを整えることが大切。まずは起きる時刻だけでも毎朝そろえるように心がけましょう。日ごろの睡眠不足を休日の寝だめで補うのはNG。どんなに遅くても、普段起きる時刻の2時間後までには起きて、活動を始めたいところです。

リズムを守る手助けとして、寝る前の行動をルーティン化するのもおすすめです。歯を磨いてパジャマに着替え、ゴロ寝つまぷるをするなど寝る前の行動が習慣になると、脳が「もうすぐ寝る」と準備。スムーズに寝入りやすくなります。

今夜からできる
快眠テク

⑤ 起きたらカーテンを開け朝日を浴びる

眠りに誘うホルモン「メラトニン」は、眠気が覚めて体が活動し始めた14〜16時間後に、分泌されます。いつまでも暗い部屋の中、ベッドでグダグダしていると、今度は夜、寝つきにくくなってしまいます。朝目が覚めたらカーテンを開け、朝の光を浴びましょう。ただし、真っ暗だった部屋を、いきなりカーテン全開にしてしまうと、眠りモードだった体が無理に起こされて、自律神経の切り替わりがスムーズにいかないことも。まずは10㎝程度開けて明るさに慣れるなど、徐々に体を目覚めさせましょう。

できれば朝日を浴びながら散歩するのが一番おすすめですが、なかなか毎朝の散歩は難しい人も多いはず。そこで、次の章でご紹介するおはようストレッチをやってみてください。散歩せずとも、目覚めスイッチがオンに！　日中は活動的に、その分夜はぐっすり眠れます。

第5章

一日中燃焼モードで
でいられる！

おはよう代謝スイッチONストレッチ

おはよう
ストレッチ
とは？

起き抜けの体を無理なく動かしエネルギー消費しやすい状態をつくる

おなかと背中に力が入れば燃焼スイッチがオンになる

どんな風に体を目覚めさせるかによって、その日1日のエネルギー消費量が変わります。な〜んにも考えずにノソノソと起き上がって動き始めるのはもったいない。体が硬く、筋肉の動きも小さいまま、午前中を過ごすことになります。

目が覚めたらほんの3分。気持ちよく体を伸ばす「おはようストレッチ」で、体を燃焼モードへ切り替えていきましょう。

「おはようストレッチ」のポイントは2つ。1つは、**小さな動きから、だんだんと体を動かしていくこと。**寝起きの硬い体でダイナミックなストレッチ

起きてすぐは大きく動けない。寝っ転がったまま体の中から目覚めさせる腹式呼吸からスタート

おはようストレッチをすれば、おなかを伸ばした美姿勢を一日中キープしやすい。柔軟性が高まって、体を大きく動かしやすいので、消費エネルギーもアップ！

はできません。最初のストレッチは寝っ転がったままひざを立てて呼吸するだけ。これなら、寝起きすぐでもできそうでしょ？　少しずつ動きを大きくして柔軟性を高め、ストレッチの姿勢もあおむけから座り姿勢、そしてよつんばい、立つというように、一段階ずつ高くしていきます。

2つめのポイントは、おなかと背中に力が入るような動きをしている点。**なぜおなかと背中を重視しているかというと、この2カ所さえ力が入れば、一日中おなかを伸ばした姿勢をキープしやすいから。おなかが伸びていれば、自然と下腹に力が入り、見た目がスッキリ。なおかつ、筋肉を使っていることで、エネルギーの消費量が増えるんです。**

寝る前のゴロ寝つまぶる&寝起きのおはようストレッチで、寝ている間も、起きているときも、無意識のうちにやせモードになれる体をつくっていきましょう。

おはようストレッチ ❶

体の中からまず目覚めさせる

ゴロ寝腹式呼吸

動画で確認！

腹式呼吸で、「天然のコルセット」といわれるおなかの腹横筋を刺激。おなかに力が入りやすい状態をつくりましょう。

30秒 下腹に力を込めて呼吸する

あおむけになり、ひざを立ててリラックス。鼻から大きく息を吸っておなかをふくらませ、ゆっくり口から息を吐いておなかをヘコませます。30秒続けましょう。

POINT!

**おなかのインナーマッスル
腹横筋が活性化。
朝からおなかのスイッチを
ON にして一日中やせモード**

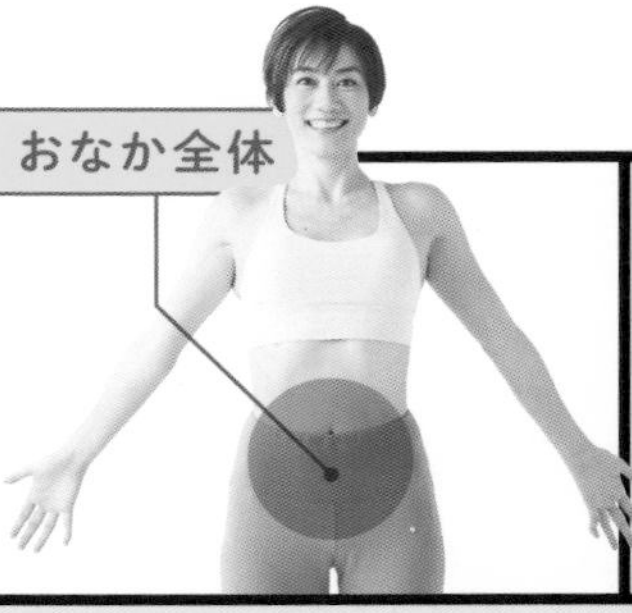
おなか全体

刺激するのは…

おなかの動きと呼吸を合わせよう

フゥ〜

吐くときにおなかが
ヘコむ

スゥ〜

吸うときにおなかが
ふくらむ

お腹もヘコむ
骨盤を後傾させ、腰と床のすき間を埋める

おはよう
ストレッチ
❷

動画で
確認！

お尻にキュッと力を入れよう

おはようヒップリフト

おなかが目覚めたら次はお尻です。腹横筋に力を込めた感覚をキープしたまま、お尻を引き上げていきましょう。

1 あおむけになり ひざを立てる

スタート姿勢は腹式呼吸と同じ。ひざを立ててリラックス。足は腰幅に開いておきます。

POINT!

**お尻の大きな筋肉が
活性化すると全身の
エネルギー消費量が多くなる！**

刺激するのは…

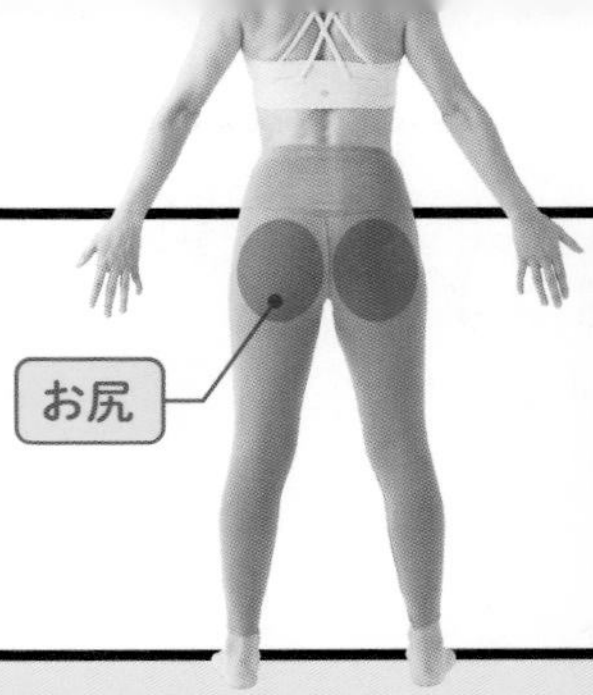

2 30秒 息を吐きながら お尻を引き上げる

お尻の穴をキュッと締めながらお尻を引き上げます。腰を反らせないよう注意。1、2を30秒くり返しましょう。

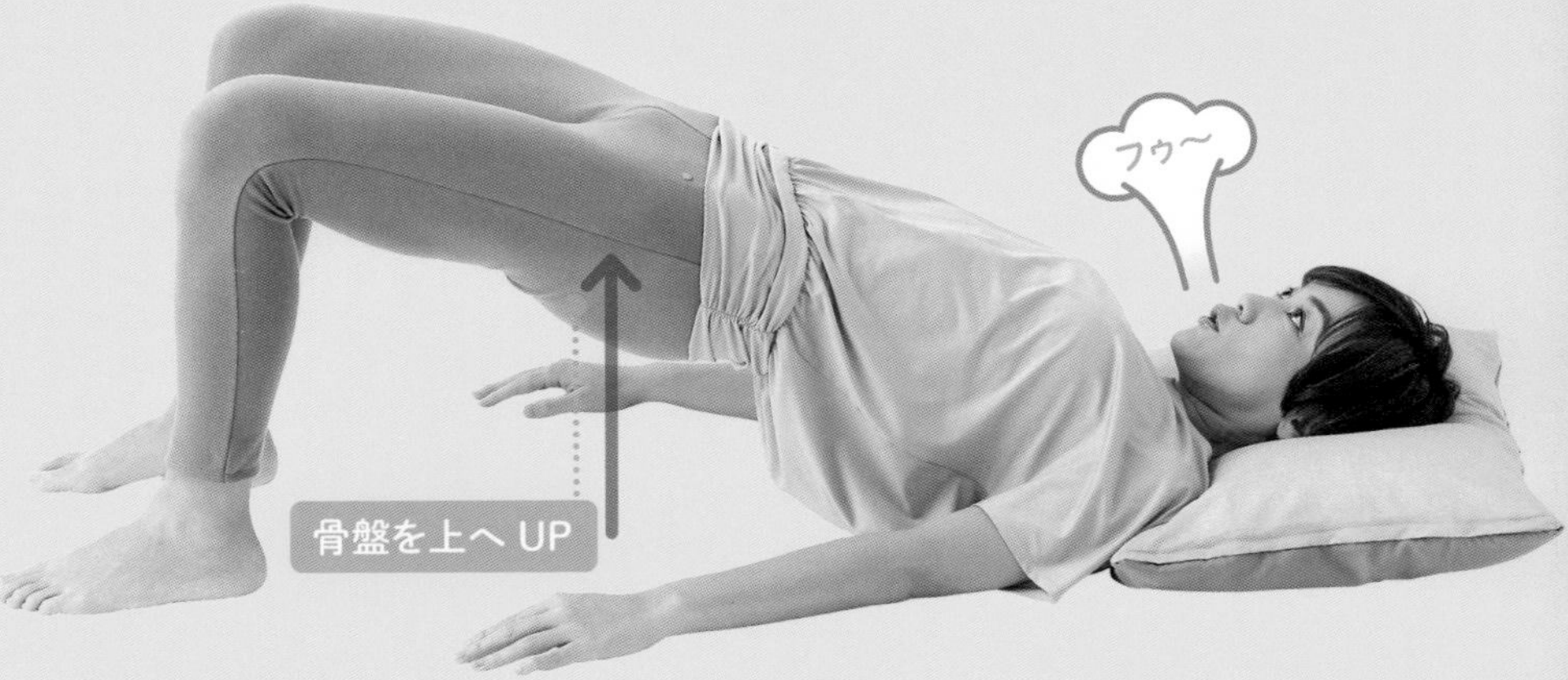

これはNG!

**体が頭のほうに
ズレて
首が苦しくなる**

おはよう
ストレッチ
❸

動画で
確認！

体の背面を気持ちよく伸ばす

背中伸ばし

いよいよ起き上がります。お尻から肩まで、背面をストレッチ。気持ちいいけど、二度寝しないでね（私はよくやります）。

1 正座をする

正座の姿勢から、上体を少し前に倒します。手を肩幅に開いて床につき、体を支えましょう。

POINT!

**背中や腰をしっかり伸ばそう！
背中の動きを感じながら
深い呼吸を続けて**

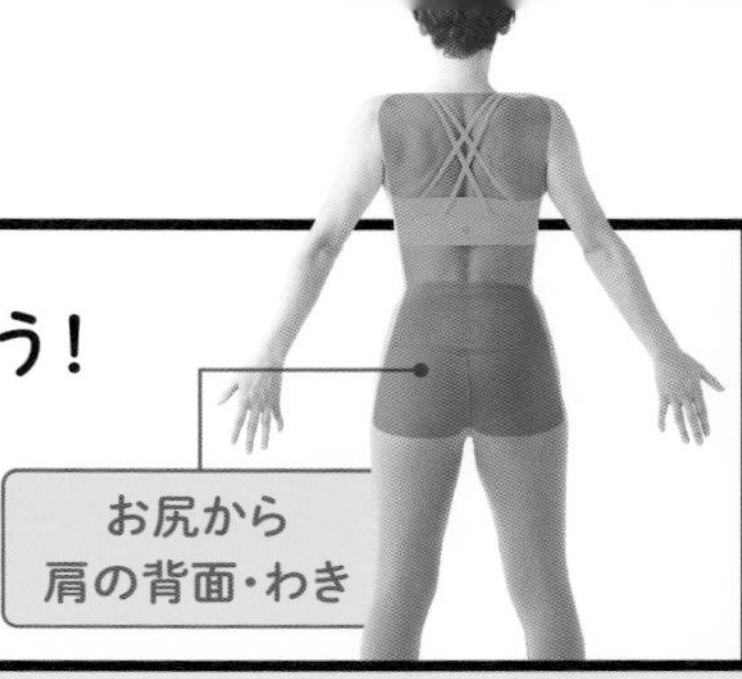
お尻から
肩の背面・わき

刺激するのは…

2　30秒　上体を倒し おでこを床につける

上体を前に倒し、手を前に伸ばします。おでこが床につくまで倒したら、深呼吸しながら30秒キープ。

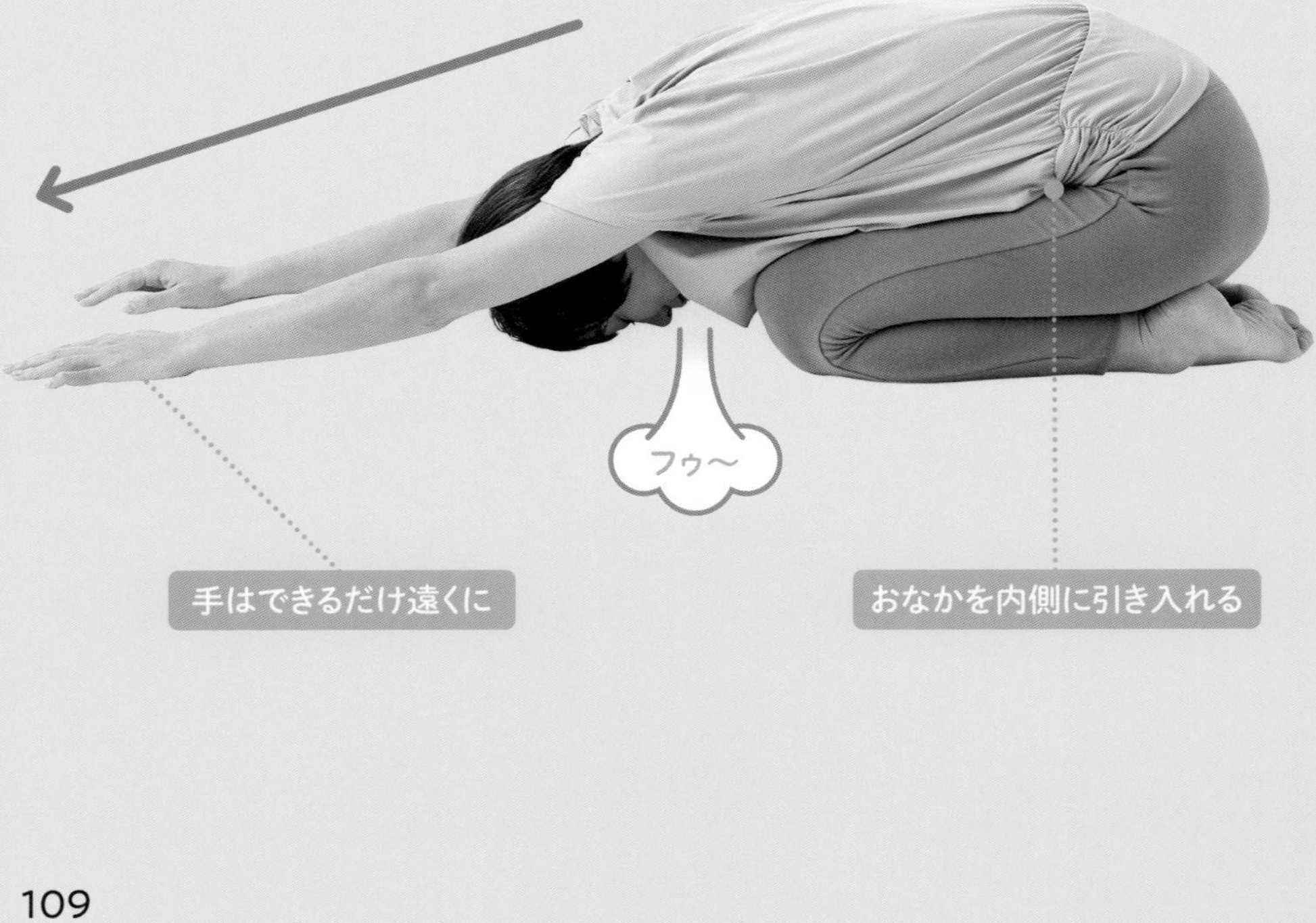
フゥ〜
手はできるだけ遠くに
おなかを内側に引き入れる

おはようストレッチ ❹

動画で確認!

背骨をしなやかに動かす
猫&牛のポーズ

背面をストレッチしたところで、体幹を動かしていきます。自律神経を整えるのにも、効果の高いポーズです。

1 よつんばいになる

正座の姿勢から、上体を少し前に倒し股関節の下にひざがくるようにします。手を肩幅に開いて肩の下に手がくるように床につき、体を支えましょう。

2 息を吐きながら背中を丸める

息を吐きながら、ゆっくりと背中を丸めましょう。おなかは引っ込めて、目線はおへそに向けます。

POINT!

腰だけ、首だけを
曲げるのではなく
背骨をしならせることを
意識しよう

刺激するのは…

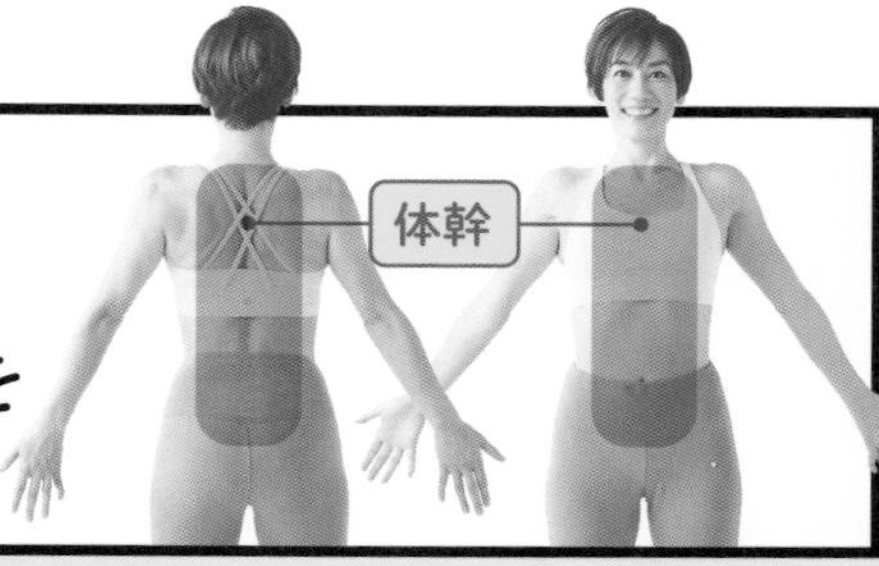

3 30秒 息を吸いながら背中を反らせる

今度は息を吸いながら、ゆっくりと背中を反らせましょう。
2、3を30秒続けます。

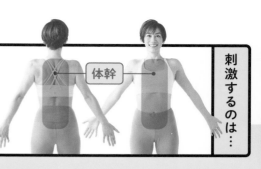

おはようストレッチ ❺

動画で確認！

今日一日動く準備の仕上げ！

あいうえお体操

立ち上がって全身を動かしていきます。おなかと背中に力を込めて、顔の筋肉も使って、声を出しながら動いていきましょう！

約1分 全身であいうえおを表現する

まずは伸びを3秒。その後「あ」「い」「う」「え」「お」のポーズを各3秒キープします。これを3回くり返します。

両手を大きく広げて
あ
3秒

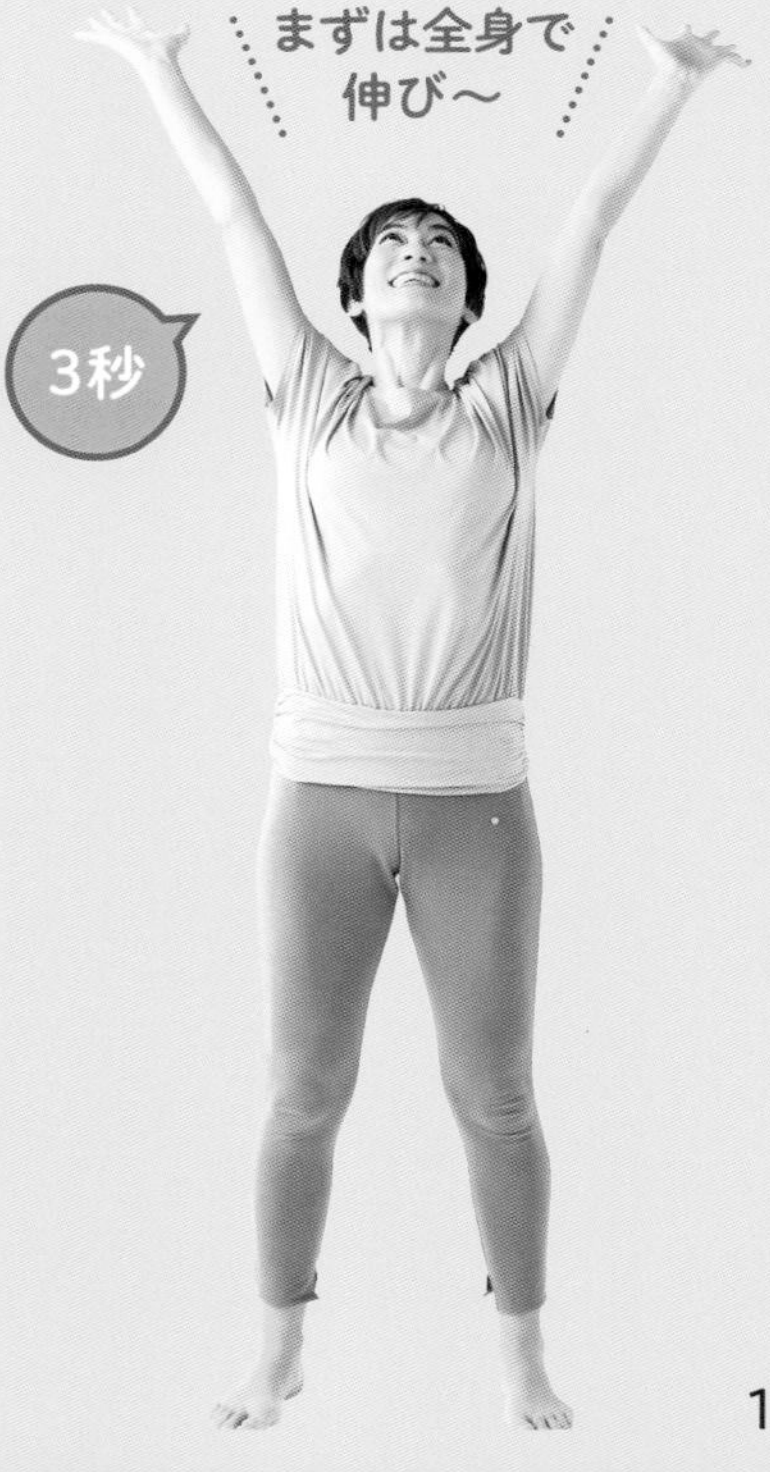

まずは全身で伸び～
3秒

POINT!

表情筋を動かすことで
顔のたるみも防止！
おなかから声を出しながら
やってみよう！

刺激するのは…

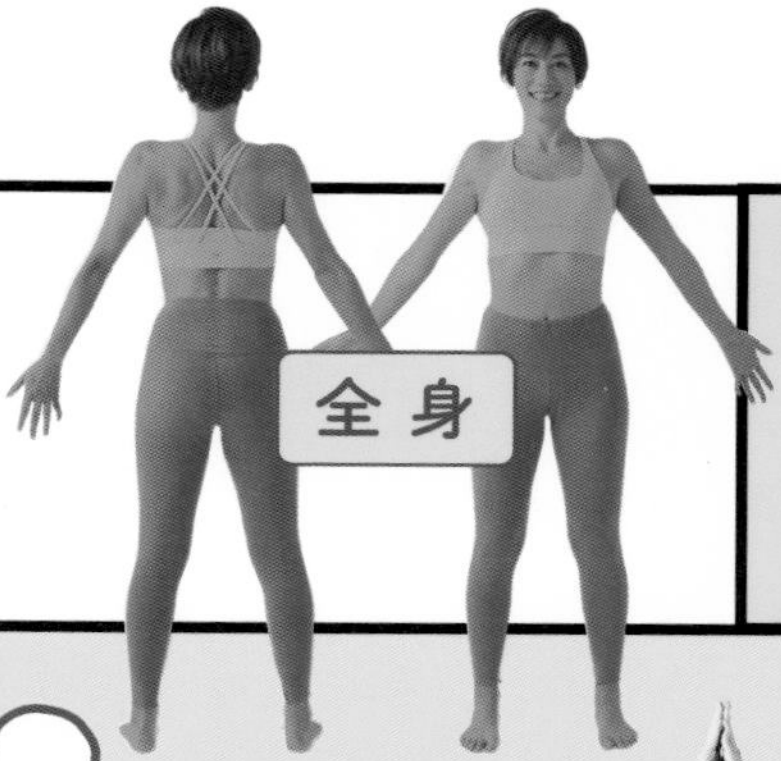
全身

う
グッと丸まって
3秒
い
上に伸びて
3秒
え
脚と胸を
パカッと
開いて
3秒
お
両手両脚を
ピーンと伸ばして
3秒

やせる食事のコツ

column 04

① 粉物をハーフカットする習慣をつける

「若いころは食べるのをがまんすればすぐやせたのに」って嘆いている人、いませんか？　40歳を過ぎたら、代謝が落ちます。食べる量を減らしてやせようとするのはＮＧ。筋肉まで落ちかねません。食べるものを制限するのではなく、太りにくい食材選びを心がけていきましょう。

とりすぎ注意なのは、パンやうどん、洋菓子などにたっぷり含まれている小麦粉。小麦粉は体がむくみやすくなるからです。

とはいえ、無理に断たなくてもＯＫ。毎朝パンを食べていたのを2日に1日はごはんにする、お昼はピザではなくリゾットを選ぶなど、小麦粉の摂取量を少し減らすことからスタート。それでスーッとおなかがヘコんだり、顔が小さくなるのを実感して「もっとやってみよう」と思えたら、粉物ハーフカットを目指していきましょう！

やせる食事のコツ

❷たんぱく質を積極的にとる

意識して多くとりたいのは、たんぱく質です。というのも、**筋肉は日々つくられ、そして分解されているから。筋肉の材料となるたんぱく質の摂取量が少ないと、筋肉がつくられにくくなってしまいます。**

1日にとりたいたんぱく質量の目安は1g×体重（kg）。50kgの人なら50gですが、一度にとっても代謝が追いつきません。3回の食事や間食などに分けて、ちょこちょこ食べるのがおすすめです。サラダチキンやツナ缶、チーズ、豆乳など、調理いらずですぐ食べられるたんぱく質食材を常備しておくと、コンスタントに補給しやすくなります。

また、たんぱく質は肉、魚、卵、乳製品、豆類に多く含まれており、それぞれ含まれるアミノ酸の種類が異なります。「鶏肉ばかり食べる」など偏らず、さまざまなたんぱく質食材をバランスよくとるようにしましょう。

③ 1日2杯のみそ汁習慣をつけよう

私たち日本人にとって超身近なスーパーフードが「みそ」。**みそは、大豆由来の植物性たんぱく質がたっぷり。しかも9種類の必須アミノ酸がすべて含まれています。また、腸の働きを高める乳酸菌が豊富な発酵食品でもあります。**

そんなみそを手軽に食べられるのが、みそ汁！　体が温まって、水分も補給できて、おなかもふくれるといいことずくめ！　ぜひ１日２杯のみそ汁を習慣にしてください。

みそと顆粒だしをお湯で溶いて、コーヒー代わりに飲むだけでもＯＫ。

余裕があるときは、たんぱく質食材を具として入れてみましょう。わざわざ肉や魚を用意しなくても大丈夫。かにかまや豆腐、卵など、冷蔵庫にあるものを足すだけで、たんぱく質食材もとれる完ぺきな１杯になります。

第6章

読めば必ず モチベが上がる

ゴロ寝つまぷるで人生変わった体験談

「つまぷる」で、
ボディラインが引き締まり、
人生まで明るく変わった10人の、
つまぷる体験リポートをお届け！

※体験者の変化は、みっこによる直接指導と適度な運動、食事指導を組み合わせた結果です。

別人級に大変身。驚く友人たちの間で「つまぷるやせ」の輪が広がっています！

After ← Before

たえさん

164.7㎝・40代

出産後、10年間ダイエット迷子でした。みっこさんの動画を知り、みぞおちほぐし（P.50）をしたところ、1回でおなかに縦線が。2カ月続けると、明らかに体が締まってきました。家族にもほめられ、久しぶりに会う友人には「病気じゃないよね」と聞かれるほど体形が変化。やせた種明かしでみっこさんの本をプレゼントしたところ、友人も8kgやせました！疲れやすく眠りが浅かった体質も変化。ぐっすり眠れて元気に目覚められるのもうれしいです。

2年1カ月で ｜ 体重-15kg ｜ ウエスト-22㎝

After		Before
57kg	体　重	72kg
25%	体脂肪率	32%
67㎝	ウエスト	89㎝
M〜L	服のサイズ	XL

After　Before

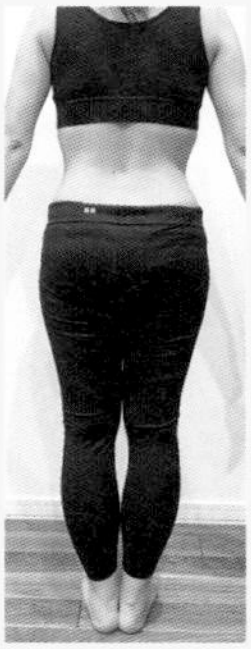

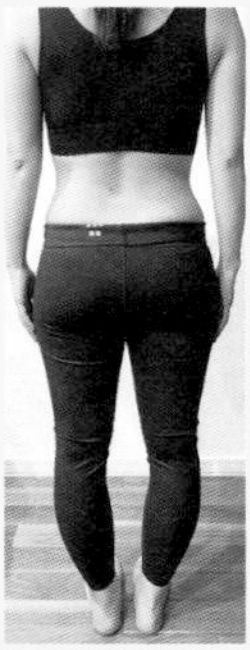

ウエストのくびれも出現！悩んでいたO脚が真っすぐになり、脚の形もよくなりました！

すき間時間のつまぷるで
ウエスト-11cmを達成！

After ← Before

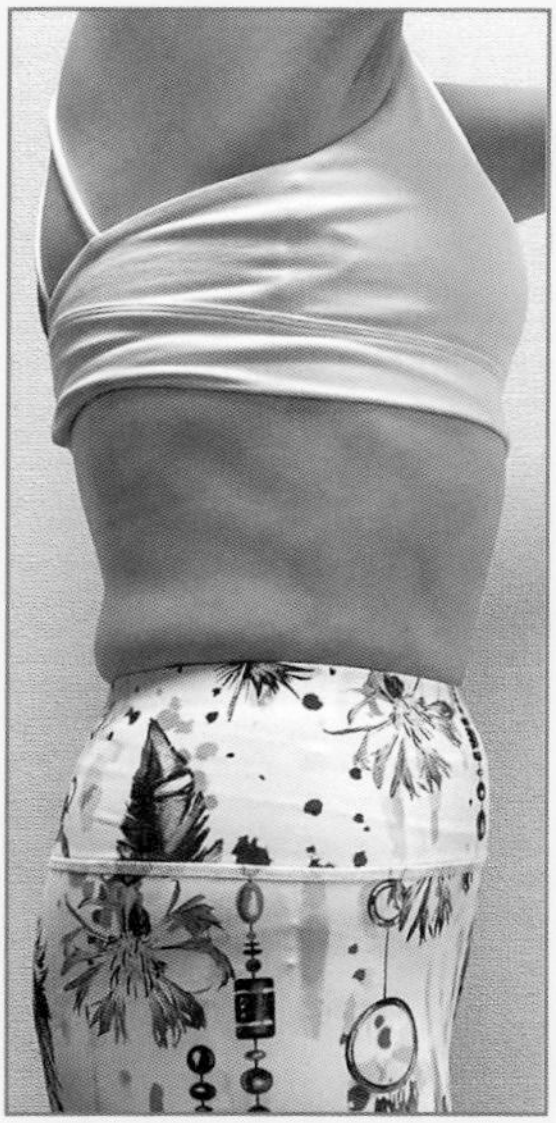

2024年2月

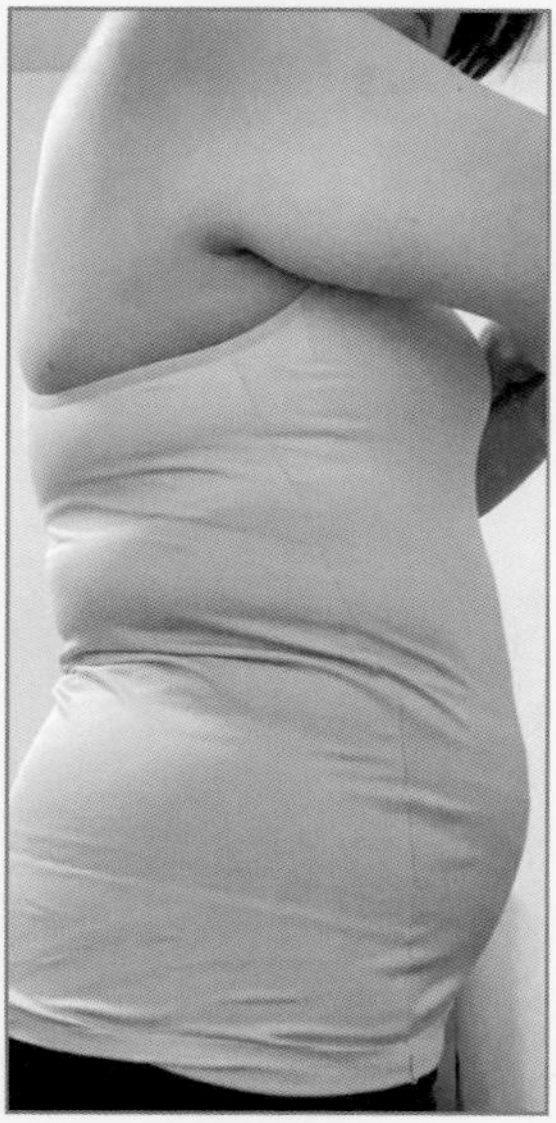

2022年3月

Pさん

159cm・50代

高校時代はヒップが1mもあり、制服は特注。年を重ねても成長は止まらず、ひざや腰の痛みにも悩まされていました。つまぷるを始めてすぐ、おなかに縦線が出たことに感動。すき間時間につまぷるを続けるうちに、おなかまわりやウエストから引き締まってきました。今は階段を一段飛ばしで上がれるほど体が軽々。以前買った湿布が、余っているのがうれしい悩みです。「やせたね」「若くなった」といわれるたび、つまぷるに大感謝です。

1年11カ月で | 体重-10.2kg | ウエスト-11.3cm

After		Before
56.4kg	体　重	66.6kg
28.3%	体脂肪率	35%
72.8cm	ウエスト	84.1cm
M～L	服のサイズ	XL

After

Before

体を隠す服を選ばなくていいのが幸せです。この私が、スキニーをはける日が来るなんて！

つまぷるで熟睡体質に変身！
体をひねれるようになり、むくみも解消

After ← Before

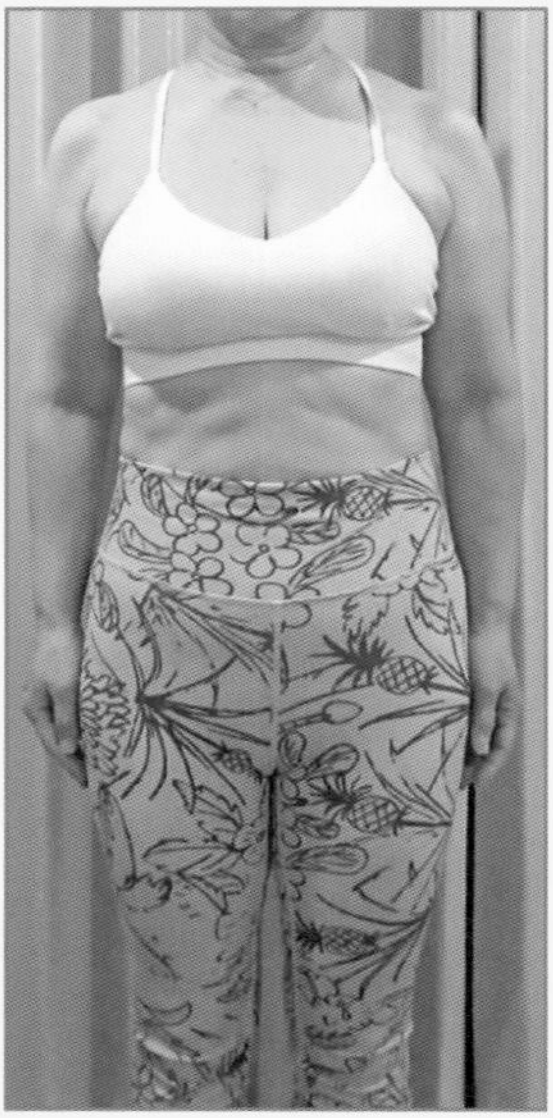

2022年4月

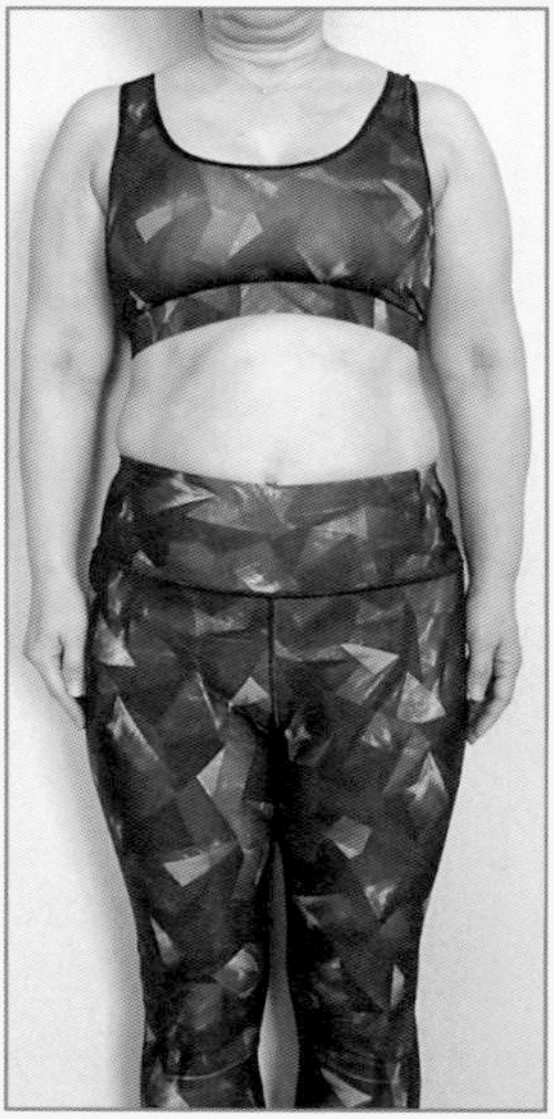

2021年11月

Kさん

154㎝・50代

ウエスト60㎝だった昔がうそのようなぽっこりおなか。つまぷるを知り、2カ月続けたところジーンズがゆるくなりました。時間や回数を決めず、「ながら」でできるので続けやすいです。以前は2時間おきに目覚めるのが悩みでしたが、つまぷるするとぐっすり。翌朝のむくみもないので、今は寝る前につまぷるをしないと落ち着きません。体をひねれるようになったおかげで、草むしりをしても腰痛にならず、車の後部座席からラクに荷物を取れるようになりました。

5カ月で ｜ 体重-7kg ｜ ウエスト-7㎝

After		Before
49.6kg	体　重	56.6kg
28.2%	体脂肪率	33%
70㎝	ウエスト	77㎝
M	服のサイズ	L

孫に「まんまるばぁば」と呼ばれるほど太っていました。肩こりや腰痛、むくみなどつまぷるで丸ごと改善して、ジャンプも軽快！

つまぷるで姿勢がよくなり ぽっこりおなかがぺたんこに！

After ← Before

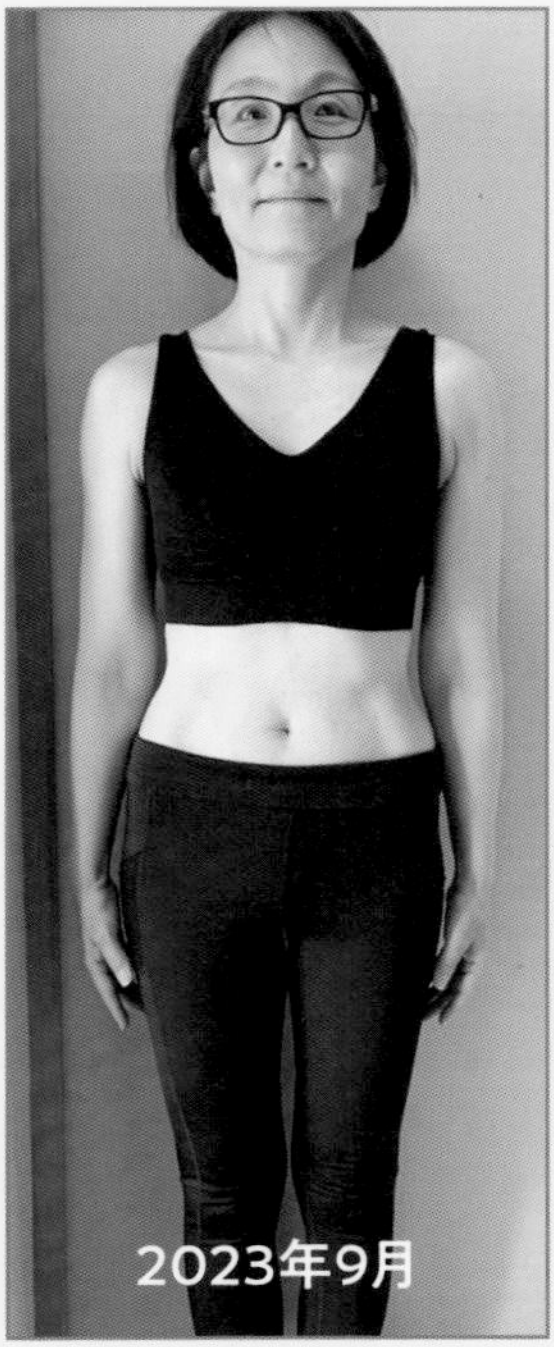

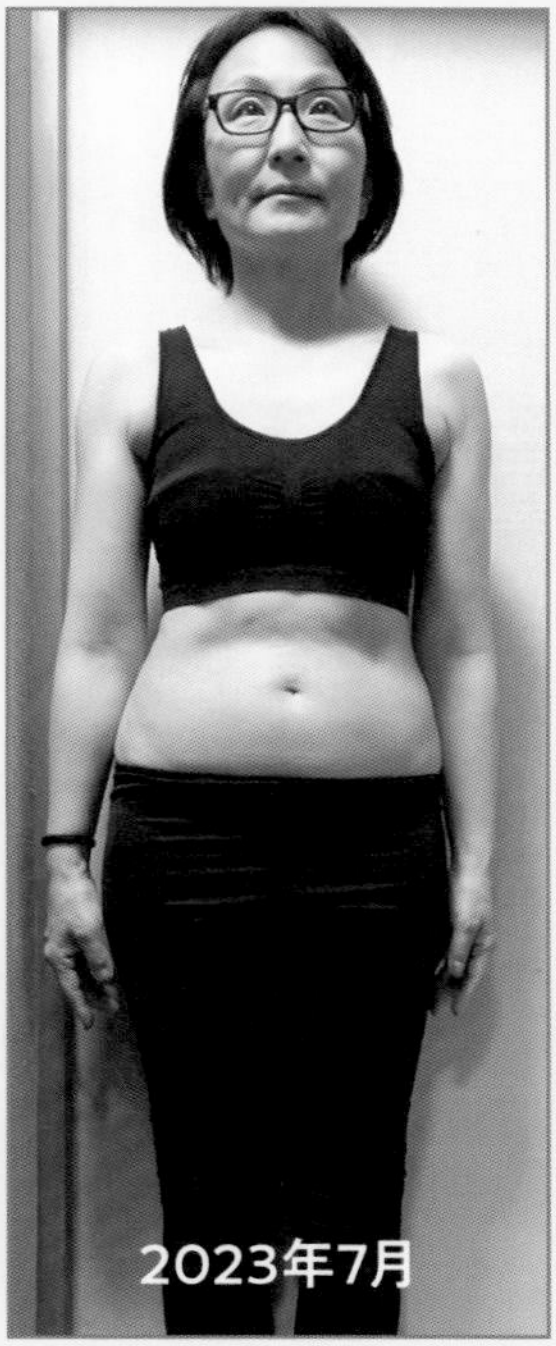

みーちゃんさん

157㎝・50代

おなかがぽっこり、お尻が引っかかって大好きだったジーンズがはけなくなりました。何とかしようと、Voicyで知ったみっこさんの指導をあおぐことに。みっこさんには、まず体のゆがみを指摘され、自覚がなかったのでビックリ。でも、つまぷるを始めて1カ月で背骨がまっすぐになり、おなかもへコみました。姿勢改善のおかげで目線も気持ちも上向きになりました！

姿勢がよくなると、趣味のドラムをたたく姿も決まります！

2カ月で｜ウエスト-7㎝｜太もも-7㎝

After		Before
45kg	体　重	48kg
24%	体脂肪率	27%
61㎝	ウエスト	68㎝
46㎝	太もも	53㎝

After　Before

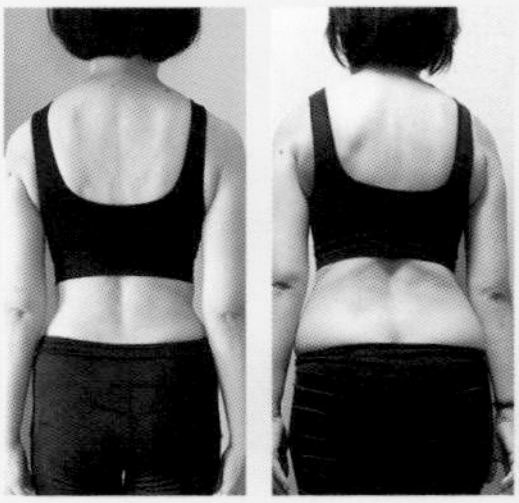

後ろ姿も大変身。ゆがみが改善されて背骨が真っ直ぐに！

最初の1カ月でウエスト11㎝減！
何でも挑戦しようと、人生が明るくなりました！

After ← Before

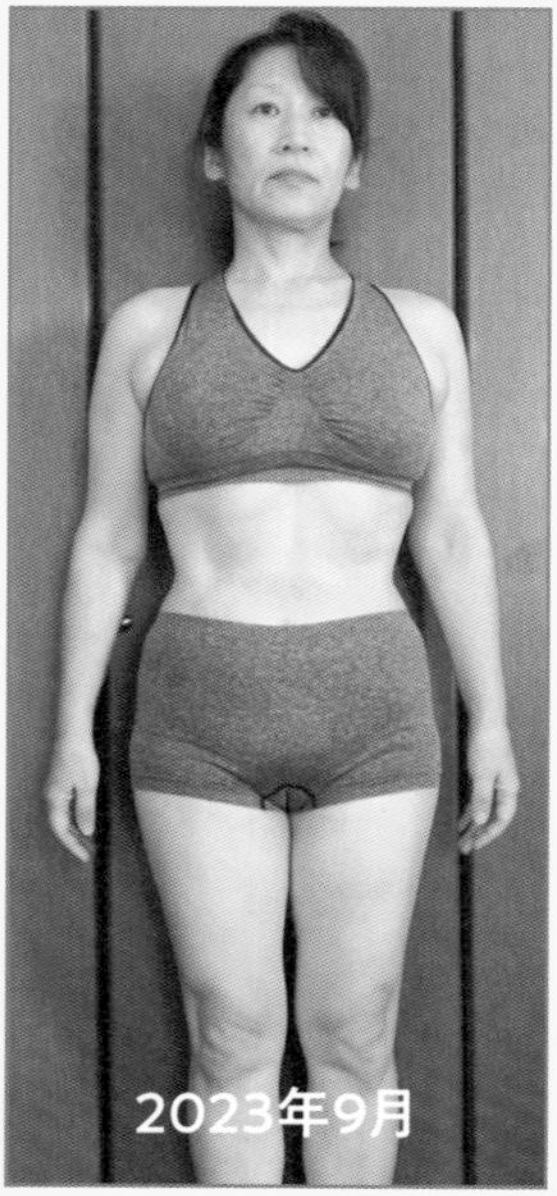

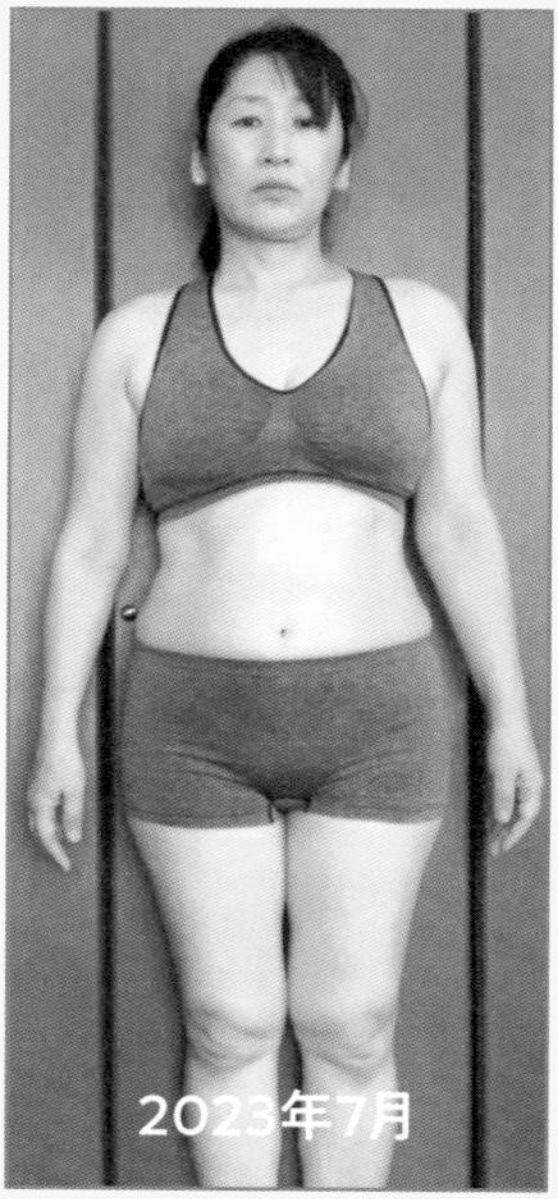

Iさん

160㎝・50代

コロナ禍の自粛中に10kg太り、有酸素運動やHIITトレーニングに挑戦したものの挫折。みっこさん主催の「40代からの動ける体学校」に参加しました。1回つまぷるしたら、おなかに縦線ができたのがうれしくて続けたところ、1カ月でウエスト11㎝減。制服がユルユルになりました。今は朝と夜、15分ずつつまぷるしています。家族にも「イライラしなくなった」と好評。何でも挑戦してみようと思えるなど、メンタルも前向きになりました。

3カ月で｜ウエスト-16㎝｜下腹-7㎝

After		Before
56kg	体　重	62kg
72㎝	ウエスト	88㎝
88㎝	下　腹	95㎝
9号	服のサイズ	13号

After

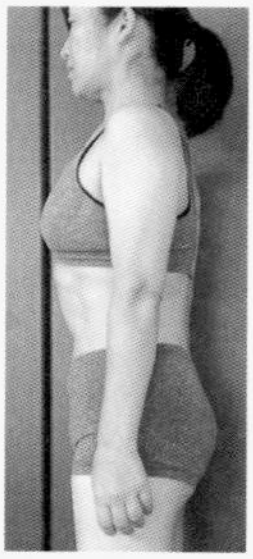

Before

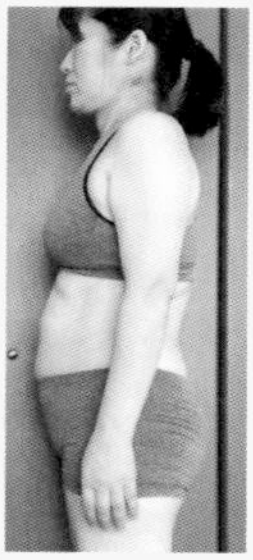

「顔もスッキリしたね」といわれることも。一人旅やインスタ投稿など、さまざまなことにチャレンジするようになりました。

ゴロ寝つまぷるでウエスト-8.8㎝！血圧も下がって正常値になりました

After ← Before

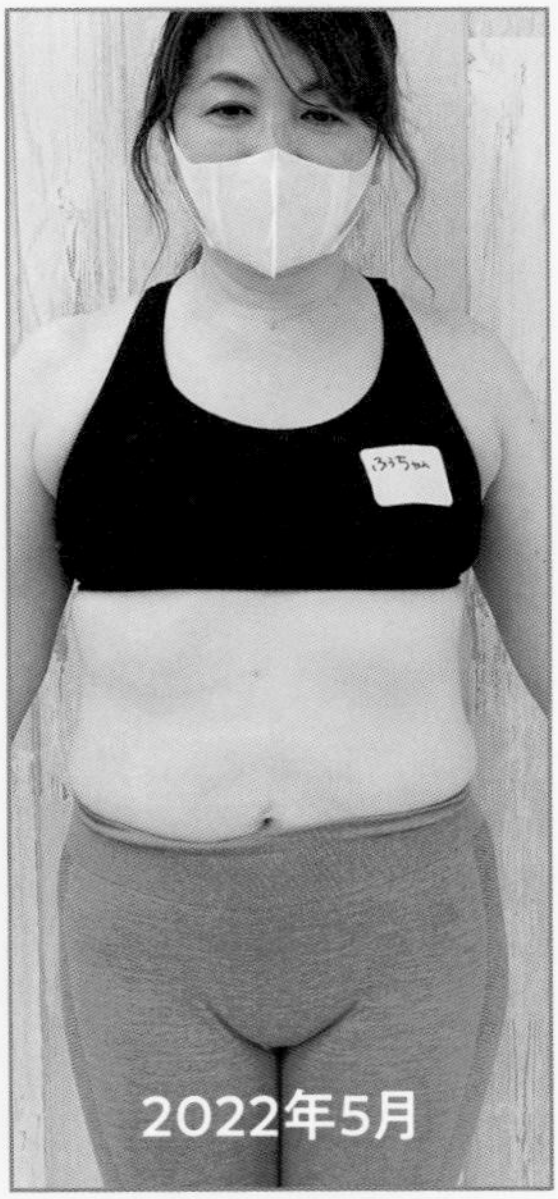

ふうちゃんさん

158㎝・50代

年齢のせいか、食事制限でやせなくなりました。つまぷるを知ったのは「寝ながらダイエット」で検索したのがきっかけ。お風呂上がり、肩こりがつらいときは肩まわり、足がだるい日は太ももなど、気分に合わせて行ううち、みるみる締まりました。「帰ったらつまぷる♪」と思うと、仕事のストレスも軽減。144／91㎜Hgだった血圧が108／71㎜Hgに下がったのもうれしい変化です。7kg落ちて1年たちますが、リバウンド知らずです！

10カ月で｜体重-7kg｜へそまわり-8.8㎝

After		Before
57kg	体　重	64kg
77㎝	へそまわり	85.8㎝
M	服のサイズ	L

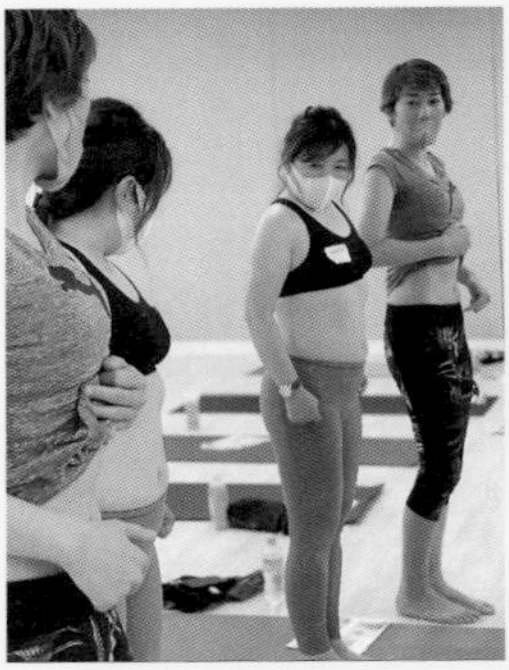

体験会などで、みっこさんやいっしょにつまぷるをがんばっている仲間に会えるのが楽しみ！

睡眠の質が高まったのを実感。楽しく食べて飲みながらやせられました

After ← Before

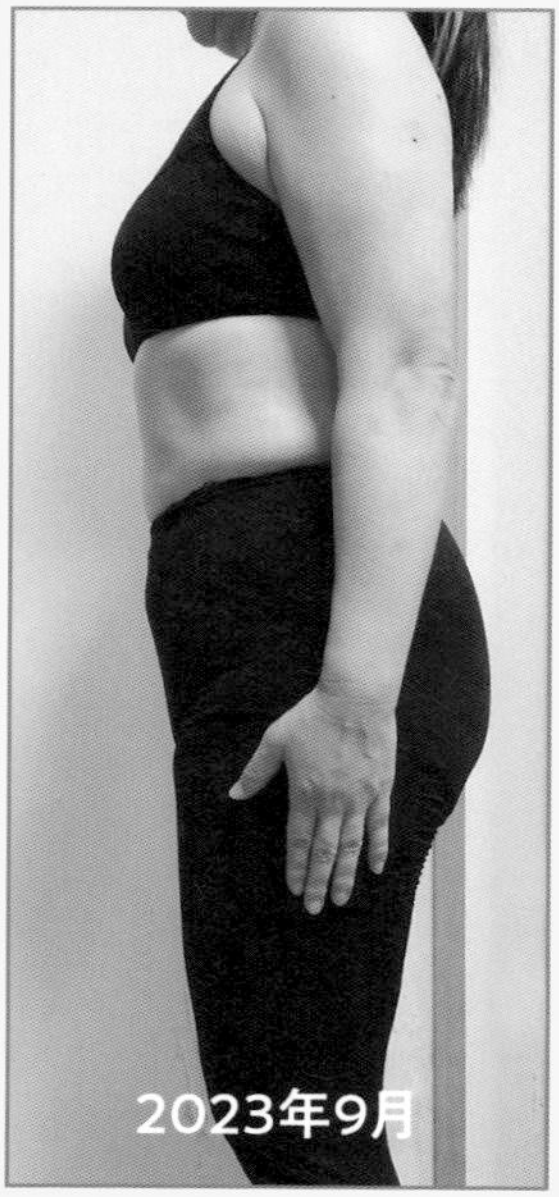

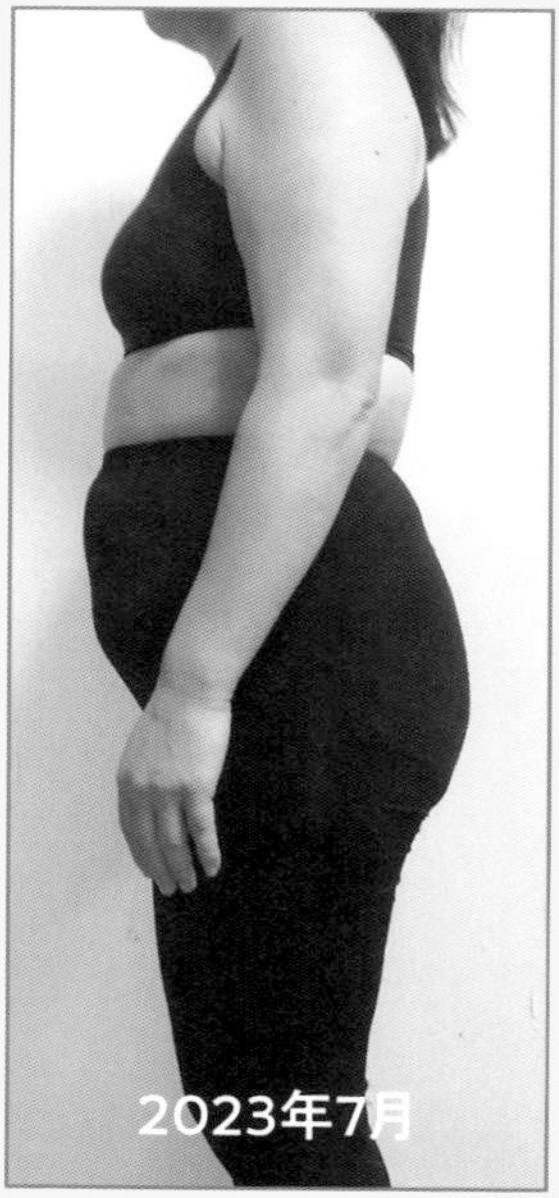

えみママさん

162cm・40代

産後20kg増えた体重が戻らず、ひざや股関節が痛むように。つまぷるを知り、週に2〜3回のペースで続けたところ、2カ月たったころから会う人ごとに「やせた？」と聞かれるようになりました。「つまぷるは立派な運動なんだ」と実感。睡眠の質も高まり、ぐっすり眠るのがうれしいです。以前は痛みが出ると整体に頼っていましたが、つまぷるのおかげで、体の声に耳を傾けながらセルフケアできるようになりました。

3カ月で｜体重-5.3kg｜ウエスト-13cm

After		Before
72.9kg	体　重	78.2kg
38.1%	体脂肪率	41.3%
92cm	ウエスト	105cm
98cm	ヒップ	105cm

After

以前はゴルフをするのにひざのサポーターが必要なほど痛みが。すっかりラクになり、ゴルフを楽しんでいます！

日常の動作がラクラクできる！
体が変わっていくのが楽しいです

After ← Before

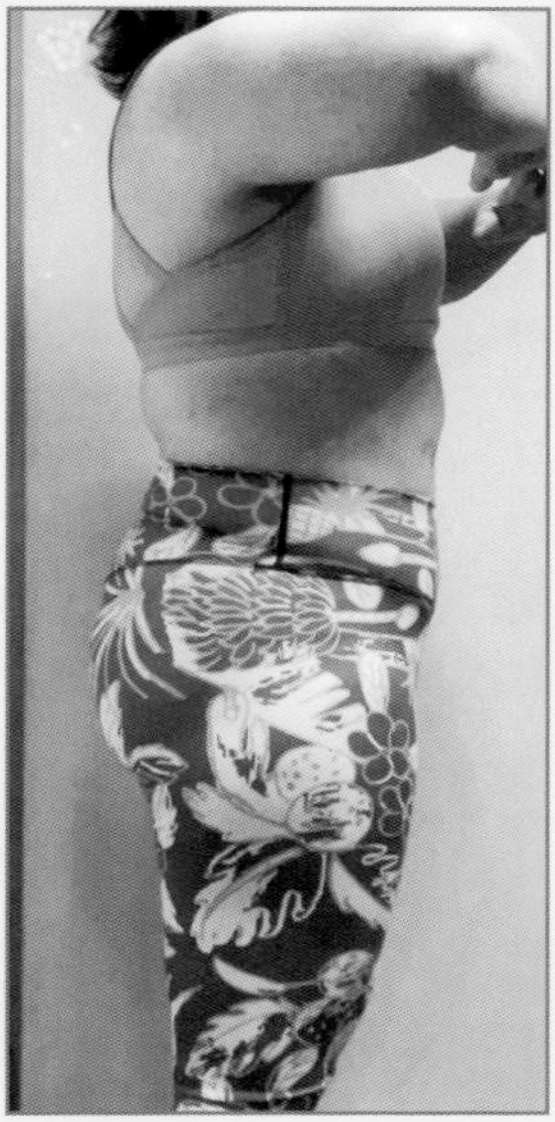

2024年2月

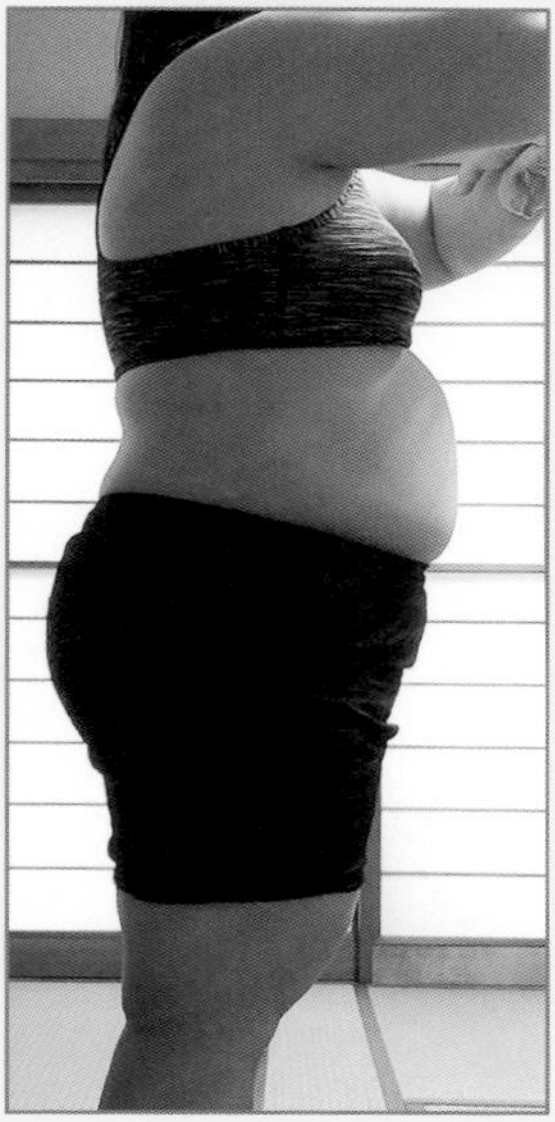

2021年9月

Kkomeさん

150㎝・50代

エプロンのひもが結べない、自転車に乗ったまま後ろを振り向けないなど、動けない自分に危機感はありましたが、「年だから仕方ない」と諦めていました。でも、40代以降の体づくりを提唱しているみっこさんならと、わらをもつかむ思いでダイエット教室へ入会。テレビを見ながらや電子レンジの待ち時間など毎日10〜30分つまぷるを1年続けたころ、固かった箇所が柔らかくなり、動けるようになるのを実感。つまぷるしながら、人生を楽しみたいと思っています！

2年5カ月で ｜ 体重 -15kg ｜ へそまわり -17㎝

After		Before
70kg	体　重	85kg
91㎝	へそまわり	108㎝
M 〜 L	服のサイズ	3L〜4L

After

みっこ先生のイベントをきっかけに、かけがえのないつまぷる仲間と出会えました。やりたいこと、いきたい場所がたくさんでき、笑顔が増えたことが、幸せです。

体づくりは一生続く！だから
がんばらずにできることだけをやる

「どうしたらダイエットを続けられますか？」という質問をよくいただきます。
「ダイエット」＝「ツラく苦しいもの」と感じているなら、続かなくて当たり前！
誰だって、ツラいことはきらいです。

「だから短期集中でやせる！」というのは、危険な考え。短期間でやせると皮がたるんで老けて見えしちゃうし、筋肉が落ちてスタイルが悪くなる。リバウンドしやすく、筋肉が落ちてさらにやせにくくなるからです。

ダイエット継続の第一ポイントは、ラクなことだけ取り組むこと。キツい運動や食事制限はやめて、「ごろ寝つまぷる」のように「ツラくない！」「これなら継続できそう！」というものから始めましょう。

体づくりは食べることであり、動くこと。一生続きますから、歯を磨くように、お風呂に入るように、がんばらずにできることを続けていただければと思います。

「みっことやせたい」人はこちらをチェック！

【みっこ】
動ける体
公式LINE

オンラインLIVEレッスン
40代からの
動けるからだクラブ

みっこといっしょに、もっと動ける体をつくっていきませんか？　詳しい情報は、左記のQRコードからご確認ください。

もう1つ、継続のために大事なのが仲間！　同じ悩み、同じ目標を持った仲間がいれば、ダイエットも楽しい趣味になります♪　「身近にダイエット仲間がいない」という方は、私のオンラインレッスン「動けるからだクラブ」に参加してみてください。ここは、大人のクラブ活動！　仲間同士、励まし合ったり、ほめあったり、ぼやきあったり（笑）しながら、みんなでダイエットを楽しんでいます。

この本が、「体づくり」＝「楽しい趣味」と思える一助になったら、最高の喜びです！

令和6年3月

心と体のコンディショニングトレーナー　みっこ

寝る前2分 ゴロ寝つまぷるで勝手やせ!

2024年4月9日　第1刷発行

著者	みっこ
発行人	土屋徹
編集人	滝口勝弘
発行所	株式会社Gakken 〒141-8416 東京都品川区西五反田2-11-8
印刷所	大日本印刷株式会社
DTP	株式会社 グレン

みっこ　PROFILE

心と体のコンディショニングトレーナー。スポーツクラブ、ゴルフスクールパーソナルトレーナー、腰痛治療院整体師を経て独立。YouTube「40代からの動ける体チャンネル」は登録者数73万。(2024年3月現在)オンラインダイエットプログラム［動けるからだクラブ］でも30代～70代女性の頑固なお腹の肉を撃退している。著書に「つまぷるで腹ペタ!」(Gakken)など。

睡眠ページ監修

白濱龍太郎

医療法人RESM(リズム)グループ理事長。『ぐっすり眠れる×最高の目覚め×最強のパフォーマンスが1冊で手に入る熟睡法ベスト101』(アスコム)など著書多数。

STAFF

デザイン	小林昌子
撮影	臼田洋一郎
ヘアメイク	土方証子
マンガ・イラスト	深川直美
校正	麦秋アートセンター
製作協力	かなえ ゆなぞん
編集・取材	及川愛子
企画編集	小中知美

◎この本に関する各種お問い合わせ先

本の内容については、下記サイトのお問い合わせフォームよりお願いします

https://www.corp-gakken.co.jp/contact/

在庫については	Tel 03-6431-1250（販売部）
不良品（落丁、乱丁）については	Tel 0570-000577 学研業務センター 〒354-0045 埼玉県入間郡三芳町上富279-1
上記以外のお問い合わせは	Tel 0570-056-710（学研グループ総合案内）